WIEBKE REISSIG-DWENGER,
SÖNKE DWENGER

HERZSTÜCKE IN OSTFRIESLAND

BESONDERES ABSEITS DER BEKANNTEN WEGE **ENTDECKEN**

BRUCKMANN

Liebe Leserin, lieber Leser,

vielleicht sind Sie schon Fans von Ostfriesland und lieben die Landschaft und die Lebensart: das »Moin« selbst am späten Abend. Die gemütliche Teekultur. Moor und Meer. Den weiten Himmel. Den liebenswürdigen Humor. Für Sie sind die folgenden hundert Kapitel ebenso geschrieben wie für neue Besucher und für Einheimische. Denn dieses Buch erzählt Geschichten hinter den Geschichten. Erzählt von Orten und Menschen – einst und heute – auf der ostfriesischen Halbinsel, wohl wissend, dass diese Region mehr umfasst als das historisch-politische Ostfriesland. Entdecken Sie Neues und scheinbar Bekanntes mit einem anderen Blick. Wir wünschen Ihnen viel Freude beim Reisen und Lesen.

Ihre
Wiebke Reißig-Dwenger und Ihr
Sönke Dwenger

Wiebke Reißig-Dwenger Sönke Dwenger

IMMER EINE SÜNDE WERT!

MEINE LIEBLINGSLÄDEN ZUM **ESSEN, TRINKEN** UND **EINKAUFEN**

01 PROBIER MAL DIE STADTPERLE!

Den Namen dürfen Sie gern als Aufforderung verstehen: Für das Lokal Stadtperle fabriziert Braumeister Norbert Hoffmann das Auricher ProBier. Zwei von 16 Biertanks stehen dekorativ in Blaulicht gehüllt hinter der Bar. Je nach Saison entwickelt der Meister neue Ideen – probieren Sie es einfach aus!

Holunder- und Bananenweizenbier gehören neben den Klassikern Pils, Helles, Dunkel naturtrüb und Hefeweizen zum festen Angebot aus dem Zapfhahn. Gern dürfen Sie zudem die aktuellen Saison-Spezialitäten kosten, bevor Sie bestellen: das sommerlich leichte Erdbeerbier, das intensive, vielschichtige Schwarzbier, das malzig-herbe Pale Ale mit fünf Malz- und drei Hopfensorten oder das Winterbier mit rauchiger Note und Kaminfeuer-Feeling, um nur eine Auswahl zu nennen. Wenn Sie Weintrinker sind, können Sie aus einer breiten Palette von mehr als 20 Weinen auf der Karte wählen oder Prosecco, Champagner sowie zahlreiche Cocktail-Kreationen mit und ohne Alkohol bestellen. Durch lange, wandhohe Fensterfronten flutet Tageslicht aufs Holzambiente und das moderne Design. Sitzkissen liegen auf Stühlen und Bänken verteilt. Wer nicht essen möchte, darf es sich in der Sofa-Ecke und an der Bar gemütlich machen. Auf 500 Quadratmetern bietet sich reichlich Platz, doch selbst der könnte ohne Vorbestellung an Wochenenden knapp werden. Das 2012 eröffnete Restaurant in einer Auricher Seitenstraße hat sich in der Gegend herumgesprochen.

Lassen Sie sich in der modernen Tanzbar im Keller von wechselnden DJs in Wochenendstimmung bringen: freitags und sonnabends ab 21 Uhr, samstags für Gäste ab 30 Jahren.

Die überwiegend moderne Küche mit vielfältigen Salaten, Burgern, Flammkuchen, Tapas und Snacks bietet auch Steaks vom Grill sowie Rustikales wie Rinder- und Schweinemedaillons mit Speckbohnen, Schnitzel und Cordon bleu, im Herbst sogar Omas Klassiker: Rinderroulade mit Rotkohl und Salzkartoffeln.

Stadtperle · Restaurant und Bar · Mo, Di Ruhetag, Mi–So ab 17 Uhr · Kirchdorfer Straße 7 26603 Aurich · Tel. 04941/990 69 23 · www.stadtperle-aurich.de

Bitte denken Sie an:
Klosterfrau
Kitzinger Weinbuch
Kitzinger Reinzuchthefe frisch eingetroffen
Globol

DIE KLASSIKER FÜR DEN HAUSHALT

02

Die Zeit arbeitet für Almuth Maaß. Was als altmodisch galt, ist heute hochaktuell: nachhaltig, müllvermeidend, ohne viel Schnickschnack. Die Drogerie setzt auf Naturprodukte und Basis-Stoffe. Geschäftsinhaberin Maaß nutzt ein Geflecht von Händlern, um ihre vielen speziellen Waren zu bestellen.

Die guten alten Hausmittel erleben eine Renaissance. Bei Almuth Maaß finden Sie sie noch; nicht alt, sondern ausschließlich nagelneu: Mottenkugeln, die übrigens auch Maulwürfe und Wühlmäuse vertreiben, Schmierseife, Bohnerwachs, Rundwäscheklammern aus stabilem Holz, lange haltbar und aus nachwachsendem Rohstoff. Die drahtige Frau führt die älteste Drogerie Ostfrieslands, die seit 1855 im Besitz ihrer Familie ist.

Viele ihrer Artikel passen nicht in die glitzernde Wegwerfgesellschaft, bedienen aber auch keinen Bio-Modetrend. Sie stellen eher eine Rückbesinnung auf solide handwerkliche Arbeit und Materialien dar, auf traditionelle Marken und ausgeklügelte, praktische Ideen. Das passt häufig mit dem, was sich heute Nachhaltigkeit nennt, gut zusammen. Das Sortiment ist breit gefächert und komplett Neuware: Gärhefe und Gäraufsätze, Rasierpinsel und Bürsten, Blechspielzeug, Teepötte und Tropfenfänger, Einweckgläser und Glasgefäße mit historischen Etiketten, Backzutaten wie Anis, Rosenwasser, Lebkuchengewürz und Kardamom.

Im Jahr 2016 machte Almuth Maaß einen beruflichen Schnitt, kündigte ihre Teilzeitstelle als Software-Entwicklerin und widmet sich seitdem ganz der Drogerie und ihren Kunden – jungen und älteren, Einheimischen und Urlaubern. Mit einer Ladeneinrichtung aus dem 19. Jahrhundert und dem damals klassischen Warenangebot konnte man in den 1970er-Jahren nur schwer mit den neuen Drogerieketten konkurrieren. Die Eltern von Almuth Maaß führten das Geschäft durch diese schwierige Zeit, doch irgendwann übernahm dann die Tochter den Laden. Inzwischen profitiert die alte Drogerie von einem neuen Käuferbewusstsein: Retro ist in!

Drogerie Maaß · Mo–Fr 9.30–18 Uhr, Sa 9.30–14.30 Uhr · Osterstraße 26
26603 Aurich · Tel. 04941/60 77 11

03 BACKEN MIT FINGERSPITZENGEFÜHL

Nach drei Stunden ist der Torf durchgeglüht, dann kann Rindert Fleßner den Schornstein und die Züge schließen. Am nächsten Morgen wird der Schamott-Ofen die richtige Temperatur haben, um die Rosinenbrote hineinzuschieben. Backen nach alter Art braucht Zeit.

Ausgiebig hat der Bäckermeister den Teig geknetet. Danach lässt Rindert Fleßner ihn stundenlang ruhen. So kommt er mit sehr wenig Hefe aus. Im Torf- und Siedlungsmuseum backt der Rentner ehrenamtlich und kann sich Zeit lassen – anders als früher im Geschäftsalltag.

Den ersten Gang behält der Meister sorgsam im Auge. Schließlich soll die starke Oberhitze die Brote nicht verbrennen. Vor Ende der Backzeit tauscht er die Bleche, denn im hinteren Teil ist es heißer: »Jeder dieser Öfen hat seine Eigenarten«, sagt Fleßner. Es braucht viel Erfahrung und Fingerspitzengefühl, um Rosinen- und Kürbisbrot, Hefezöpfe und ostfriesische Pfeffernüsse gleichmäßig goldbraun herauszuziehen. Dem erfahrenen Bäcker gefällt gerade das. Neu für den Advent: Christstollen nach dem Rezept seines Vaters von 1965, mit sechs Kilo Früchten auf fünf Kilo Mehl. Wenn er die Torfglut entfernt, haben die Schamottsteine genügend Hitze gespeichert, um dreimal rund 30 Rosinenbrote zu backen. Probieren Sie unbedingt die *Krintstuut*-Scheiben mit Ostfriesentee! An Backtagen werden auch Brote und Gebäck verkauft. Das Mehl dafür mahlt die Auricher Voßbergmühle aus Getreide der Region.

Und hier können Sie zusehen und genießen: im Torf- und Siedlungsmuseum Wiesmoor von Mitte März bis Oktober jeden ersten Samstag im Monat und bei Veranstaltungen. Mühle Bagband: Mai bis September jeden zweiten Samstag im Monat, Brote, Blechkuchen, Kleingebäck. Mühle Wiegboldsbur: März–Oktober freitags ab 16 Uhr, Brote. Kloster Ihlow: Dietmar Busker backt Klosterbrot, Zwiebelbrot, Rosinenbrot an jedem ersten Sonntag im Monat und bei Großveranstaltungen. Verkauf ab 12.30 Uhr.

Torf- und Siedlungsmuseum Wiesmoor · Resedaweg 18 · 26639 Wiesmoor
www.torf-und-siedlungsmuseum.de
Mühle Bagband · Mühlenkamp 1 · 26629 Großefehn · Tel. 04946/46 66
Mühle Wiegboldsbur · Forlitzer Str. 125 · 26624 Südbrookmerland
Kloster Ihlow · Zum Forsthaus 1 · 26632 Ihlow · www.kloster-ihlow.de

Der kleine
Wilddieb

GESUND GENIESSEN BEIM »WILDDIEB«

04

Rehe sind wählerisch, mit Gras geben sie sich nicht zufrieden. Sie bevorzugen feine Kräuter, zarte Knospen und junge Triebe. Wie ihre Verwandten, die Rot- und die Damhirsche, durchstreifen sie stundenlang die Natur. Das können Sie hier richtig herausschmecken!

Die Tiere sind durchtrainiert und muskulös. Wildbret hat wenig Fett und Cholesterin und ist besonders reich an Proteinen. Für den gelernten Fleischer und Koch Andreas Kabutke eine ideale Zutat für die moderne Küche: leicht und schnell. Auch zum Grillen eignet sich das Wild hervorragend, entweder zu Hause auf der heimischen Terrasse oder von Kabutke und seinem Chef Marco Scharf zubereitet, wenn mal eine größere Feier ansteht.

Beide freuen sich, dass sie ihren Kunden der Wildfleischerei »Der kleine Wilddieb« in Großefehn ausschließlich Wildbret von frei lebenden Tieren anbieten können, also kein Gatterwild. Die meisten Jäger, die ihnen zuliefern, kennen sie persönlich. Ihr Dam- und Rehwild kommt wie das Wildschwein in der Regel aus der Region und dem Emsland, Rothirsche aus dem weiteren Umkreis. Genug, um die Kunden der Wildfleischerei auch während der jagdfreien Zeit bedienen zu können. Steaks, Spieße, Koteletts, »schön mit Knoblauch und Rosmarin« verfeinert. Andreas Kabutke verrät Ihnen gern ein paar Kniffe und Tipps. Er legt Wert auf die Feststellung, dass sie auf fertige Gewürzmischungen verzichten und keine Konservierungsstoffe verwenden. Das Fleisch von Tieren aus heimischen Revieren ist von Natur aus unbehandelt.

Essen Sie lieber Rindfleisch? Dann mögen Sie sicher die rauen Highland-Rinder, die hinter dem Laden auf einer mehr als fünf Hektar großen Weidefläche das ganze Jahr über grasen. Wie Wildtiere wachsen sie deutlich langsamer als Zuchtvieh aus konventionellen Ställen. Durch die artgerechte, extensive Haltung ähnelt das Highland-Fleisch in seinen Eigenschaften dem der Tiere aus der freien Wildbahn. »Der kleine Wilddieb« verkauft auch auf Wochenmärkten der Region und bietet Grill-Catering an.

Der kleine Wilddieb · Wildspezialitäten aus heimischen Revieren
Kanalstraße Süd 19 · 26629 Großefehn · Fr 15–18 Uhr, Sa 9–12 Uhr. Sept.–Jan. auch Do 16–19 Uhr
Tel. 04943/20 13 71 und 0171/481 19 28 · www.kleiner-wilddieb.de

FÜR RICHTIGE WEINSCHMECKER

05

Sie überlässt nichts dem Zufall und widmete sich ihrer großen Leidenschaft erst nach fundierter Ausbildung: Der gelernten Hotelfachfrau und Sommelière Sina Meisner geht es in ihrem Geschäft Weinschmecker um die Liebe zum Wein und um den guten Stil. Und so fügen sich Weine, Spirituosen und Feinkost ebenso harmonisch in ihren Laden wie sich ihr Laden neben der Lambertikirche in die historische Innenstadt von Aurich fügt. Außen und innen, Körper und Geist gehören für die Expertin für Weinhandel und -service untrennbar zusammen. Mit den Winzern ihrer Weine von der Mosel, aus der Pfalz, aus Württemberg und dem überwiegend europäischen Ausland arbeitet sie seit vielen Jahren vertrauensvoll zusammen.

Weinschmecker · Öffnungszeiten siehe Webseite · Kirchstraße 5 · 26603 Aurich
Weinproben auch für Gruppen
Tel. 04941/973 09 22 · www.weinschmecker-aurich.de

DER ALTE KLÖN-KRUG

06

Der Sonntagabend ist ein Anlass, das Wochenend-Ende zu feiern. Im Sandhorster Krug wird dann auch gern mal zur Gitarre gegriffen und spontan gesungen, wenn sich die richtigen Leute zusammenfinden. Die Herren der Knobelrunde klönen lieber etwas ruhiger und treffen sich montags, manchmal auch donnerstags in dem mehr als 300 Jahre alten, denkmalgeschützten Dorfkrug. Dessen heimelige Gaststube trägt das Dekor der 1950er- und 1960er-Jahre mit Würde. Den Gästen gefällt's. Zu Familien- und Vereinsfesten wird im Biergarten auch der große Grill angeheizt und im Saal, im Wintergarten oder in den Clubräumen gefeiert – manchmal auch öffentlich und mit Livemusik.

Sandhorster Krug · So, Mo, Do, ab 17 Uhr · Am Schlingholz 2
26607 Aurich-Sandhorst · Tel. 04941/97 20 90
www.sandhorster-krug.de

07 OSTFRIESLAND ZUM MITNEHMEN

Kofferraum auf, Schaf hinein. Oder den rot-weiß gestreiften Leuchtturm. Und Mühlen natürlich, wie sie hier in langer Reihe an der Straße stehen. So können die Küsten-Klassiker bald auch den bayerischen oder Dortmunder Vorgarten bereichern. Oder Ihren! Für verwegenere Schätze müssen Sie aber in das Geschäft hineingehen.

Im Hinterzimmer des Ladens für Deko-Figuren im Auricher Stadtteil Schirum tropft dem mannshohen Dracula Blut aus dem Mund, die Hexe schwingt sich auf ihren Besen und die großbusige Bardame mit Strapsen stolziert im trägerlosen grünen Body. Auch die Omi mit Dutt und eine knieende Schlangentänzerin zeigen stolz ihre pompösen Oberweiten.

Die allermeisten der Garten- und Deko-Figuren sind jedoch nicht schlüpfrig, sondern konventionell, wie das Froschpaar beim Klönschnack auf der Gartenbank, kletternde Katzen, Möwen oder Pharaonen mit gekreuzten Armen. Auge in Auge stehen Sie lebensgroßen Gestalten gegenüber, einem behelmten Ritter und dem Koch mit seiner hohen Mütze, einem Bäcker, einem eifrigen Kellner, der Bardame und besagtem Dracula. Beeindruckend.

Die Figuren, die die Betreiber im Ausland kaufen, sind aus wetterfestem Kunstharz gefertigt, die Windmühlen aus Beton. Fast 3000 verschiedene Motive stehen im Lager und in der Ausstellung zur Auswahl, dazu gibt es die passenden Ersatzteile.

Seit dem Jahr 2000 wird die regenbeständige Figuren-Kollektion am Rande dieser viel befahrenen Durchgangsstraße angeboten. Die maritimen Motive sind besonders beliebt. Dazu gehören der Seemann mit Fernrohr, Schafe und Lämmer auch in Gelb, Lindgrün, Lila und Feuerrot, ein Seehund mit Pudelmütze und die schwarzbunte Holstein-Friesian-Kuh (die leistungsstarke Milchrind-Züchtung heißt nur bunt, ist aber schwarz-weiß). Badenixen aus der Nachkriegszeit setzen gerade zum Sprung an und einige Leuchttürme leuchten sogar. Sie gibt es natürlich nicht in Originalgröße, aber zwischen Kniehöhe und immerhin 1,85 Metern.

JMS Gartenfiguren · 10–18 Uhr · Leerer Landstraße 127 · 26605 Aurich-Schirum
sowie Auricherstraße 101 · 26427 Neufolstenhausen · Tel. 04943/405 70 59

BATELA

Sanddorn
Pralinen

MIT HERZ UND HAND

08

Waren von der Stange suchen Sie bei Britta Gaiser-Steeg vergeblich. Ihre ganze Energie und Leidenschaft widmet sie dem Besonderen. In ihrem Beruf wie in ihrem Leben. Als Tochter des ehemaligen Inselbäckers Werner Gaiser ist sie fest in der Familientradition verwurzelt und geht dabei doch ihren eigenen Weg.

Mit dem Knusperhuuske hat Britta Gaiser-Steeg sich ihren Traum erfüllt. Sie werden es spüren, sobald Sie die Tür zu ihrer »etwas anderen Konditorei«, wie sie sie selbst nennt, öffnen. Wohl wissend um die rund einhundertjährige Bäcker- und Konditorerfahrung ihrer Urgroßeltern, Großeltern und Eltern, hat sie sich auf Baltrum einen modernen Laden und eine neue Backstube aufgebaut. Ihre selbst gefertigten Spezialitäten: Pralinen, Torten, ein eigenes Sortiment an Schokolade und Schokochips sowie Kuchen und Gebäck. Sogar die »Zitrone des Nordens« – den Sanddorn – verarbeitet die Konditorin in ihren Pralinenkreationen. Die feinen Torten zaubert sie auch individuell für jeden Anlass, den ihre Kunden versüßen möchten.

Schon als Kind verbrachte sie viele Stunden in der Backstube ihrer Eltern. Den Familienbetrieb hatten ihre Urgroßeltern als Bäckerei Meyer gegründet, ihre Großeltern führten ihn als Meyers Bäckerei, Konditorei und Café fort. Die elterliche Inselbäckerei übernahm schließlich ihr Bruder.

Britta Gaiser-Steeg wollte nach ihrer Ausbildung auf Norderney die Fühler ausstrecken, mehr lernen, neue Erfahrungen sammeln: in Hannover, Oldenburg, Hamburg, im Schwarzwald, in England und Neuseeland, in Cafés, Hotels, Konditoreien, in der Patisserie. 2007 kehrte sie schließlich gemeinsam mit ihrem Mann in die Heimat zurück, auf die kleinste Ostfriesische Insel, und eröffnete drei Jahre später ihr Knusperhuuske und ihre Backstube für die stets frische Produktion. Dazu gibt's auch handverlesene Wohn-Accessoires. Viel Spaß beim Stöbern.

Knusperhuuske – die etwas andere Konditorei · saisonal unterschiedl. Öffnungszeiten, siehe Webseite · Westdorf 224 · 26579 Baltrum · Tel. 04939/9109890 oder 0162/1382497
www.knusperhuuske.de

09 EIER-GROG UND HERINGS-STIPP

Es weht der gute Geist von Miele durch dieses Haus. Die fröhliche Ehmine, die jeder Miele nannte, wohnte ihr ganzes Leben hier. Im Sommer umsorgte sie, wie schon ihre Mutter, als Badefrau die Gäste am Strand.

Die Crew im restaurierten, denkmalgeschützten Lütje Teehuus ist das ganze Jahr über für ihre Gäste da. Die Heiße-Getränke-Karte ist lang, darauf stehen Eier-, Holunder- und Sanddorn-Grog, Ostfriesischer Teepunsch und Jagertee, Kaffee und heiße Schokolade in schier endlosen Variationen, dazu gibt es bodenständige Küche mit Pfannkuchen, Herings-Stipp und Seemannsbrot. Der Betrieb deckt seinen gesamten Strombedarf mit Ökostrom aus Wasser-, Wind- und Sonnenenergie.

Lütje Teehuus · tägl. 11–21.30 Uhr · Am Januspark · 26571 Juist
Tel. 04935/84 02 · www.juist-gastronomie.de

10 SCHLEMMEN UND SCHLUMMERN

Die gute Lage direkt hinter dem Deich in Neßmersiel ist ein Argument fürs Fährhaus, das andere ist die regionale Küche auf hohem Niveau, die Anja und Maximilian Eberleh hier auftischen. Nur einen Katzensprung entfernt vom Anleger der Baltrum-Fähre bieten sie Ihnen in ihrem Hotel-Restaurant-Café Fährhaus Service von früh bis spät: Frühstücksbuffet, warme Küche, hausgebackene Kuchen und Torten sowie Hotelzimmer teils mit Balkon und Blick auf die See. Gründeicher Bio-Hokkaidokürbis mit gebratener Jacobsmuschel, Tafelspitz vom Neßmergroder Salzwiesenkalb, Nordsee-Seezunge mit Kleikartoffeln – die vier Köche und zwei Küchenmeister um Küchenchef Gerold Janssen legen Wert auf Qualität und Regionalität.

Fährhaus Neßmersiel · Warme Küche Mo–Sa 16–21, So 11.30–14, 17–21 Uhr · Dorfstraße 42
26553 Dornum-Neßmersiel · Tel.04933/303 · www.faehrhaus-nessmersiel.de

DEICHLAMM
ZIEGENKÄSE
SCHAFKÄSE
WEIN
SANDDO
HONI
Heute
Frisches
Deichlamm

Lammgewürz
mit Kräutern
50g
Lammgewürz
-fruchtig-
Zutaten:Tomaten,Paprikaflocken,Cranberries,
Petersilie,Basilikum,Knoblauch,Zwiebel,Chilli,
Sellerie
Kann Spuren von Senf und Sesam enthalten
Mindestens haltbar bis: 06.10.2019
50g
Bromba's Genusslädchen
Gründeich 3-26427 Esens-Bensersiel
Tel.: 04971-918822
Lammgewürz
fein-classic

LADEN VOLLER GENUSS

11

Nicht nur für die Camper in Bensersiel ist es der pure Urlaubsgenuss: frisches Lamm vom Grill und dazu eine Marinade aus Lavendel, Salbei und Minze, mit der kurz vor dem Durchgaren das zarte Fleisch bestrichen wird. Sabine Bromba weiß eben, dass das feine Aroma so noch besser zur Geltung kommt.

Während der Saison verkauft sie in ihrem Genusslädchen Salzwiesenlamm von ostfriesischen Deichen, küchenfertig portioniert oder als Bratwurst von einem hiesigen Metzger zubereitet. Dazu bereitet sie selbst kreierte Kräuter-Gewürzmischungen, natürlich frei von Konservierungsstoffen und Geschmacksverstärkern. Vielfältige Kompositionen für Lammfleisch sind Sabine Brombas Spezialität, außerdem gibt es Gewürze für Dips und für Schaf- und Ziegenkäse, die in Alufolie auf den Grill kommen, sowie Sanddorngewürze.

Ihr Faible, getrocknete Kräuter zu kombinieren, ist in ihrer Lehrzeit als Pharmazeutisch-Technische Assistentin gewachsen. Es gehörte zu ihrer Ausbildung, gesundheitsfördernde Kräutertees anzumischen. Seit 2005 ist Sabine Brombas Genusslädchen in der achtmonatigen Saison nahezu täglich geöffnet. Damals beendete sie mit Mann und Kindern die Pendelei zwischen dem Großstadtleben in Nordrhein-Westfalen und den Monaten unter dem weiten Himmel der Nordseeküste. Die Familie machte das ehemalige Landarbeiterhaus, einst ihr Ferienhaus, zu ihrem Zuhause. Eine berufliche Auszeit ließ Sabine mehr Zeit für die Kinder und den Laden. Inzwischen hat sich das Sortiment deutlich erweitert. Die Idee, vor allem nordische Produkte von inhabergeführten Betrieben in Kooperation mit diesen anzubieten, ist geblieben.

Hier erhalten Sie neben Lammfleisch und Gewürzen viele Sanddorn-Produkte wie Aufstriche, auch Weine und Liköre, Honig, Senf, Schaf- und Ziegenkäse; außerdem Seifen überwiegend auf Bioöl-Basis aus einer Auricher Manufaktur. Oder nehmen Sie sich für die kalte Jahreszeit Schafwoll-Decken, Felle, Wollflor-Schuhe, -Handschuhe und -Jacken nach Hause mit.

Bromba's Genusslädchen · 1. März–31. Okt. tägl. mittags bis 18 Uhr
Vor- und Nachsaison sonntags flexibel · Gründeich 3 · 26427 Esens-Bensersiel
Tel. 04971/91 88 22 · https://brombas-genusslaedchen.jimdo.com

12 AB IN DIE KOJE!

Wer eine düstere Schenke mit vergilbten Tischdecken im Lokal Heimathafen vermutet – weit gefehlt. Wie frisch, modern und cool gestylt das Label maritim funktioniert, zeigen Cindy und Suntke Gerdes seit Anfang 2017 in ihrer Café-Bar am Museumshafen Carolinensiel. Dort genießen Sie im Liegestuhl vor dem Haus oder windgeschützt innen hinter den großen Fenstern die Aussicht und die fantasievollen, selbst kreierten Torten und wählen aus einem großen Angebot an Kaffee, Smoothies, Schorlen, Säften, Longdrinks und herzhaften Snacks. Sie können hier auch gut übernachten: Zwei moderne »Liegeplätze« mit Küchen und Bädern sind im Obergeschoss ausgebaut; »Liegeplatz 1« für Singles oder Pärchen, »2« mit extra Schlafraum für Familien oder Getrennt-Schläfer.

Heimathafen und Koje 9 · Café-Bar und zwei Ferienwohnungen
Am Hafen Ost 9 · 26409 Carolinensiel · Tel. 04464/13 85 · www.koje9-carolinensiel.de

13 FISCHBUFFET MIT PANORAMABLICK

Der weite Blick macht Appetit auf Nordsee. Und da liegt er auch schon, der beliebte Schwärmling: Hering dicht an dicht auf dekorierten Platten, süßsauer als gerollter Mops, zerkleinert in Happen, gebraten und filettiert, als stolzer Bismarck oder jungfräulicher Matjes in Sherry, mit Kräutern, natur oder mit feinem Raucharoma. Die Panoramafenster im Restaurant am Außenhafen Harlesiel erlauben Ihnen die freie Sicht aufs Meer und auf gleich drei Ostfriesische Inseln am Horizont. Sie wünschen sich noch mehr Popstars des Meeres? Seelachs, Makrelen- und Schollenfilet bereichern das Buffet. Alternativ gibt es Gyros und Hackbällchen, beides vegan, Tofu-Taler und giftgrünen Seealgen-Salat.

Fischbuffet im Restaurant Wattkieker · Am Harlesiel 20 · 26409 Harlesiel · Tel. 04464/945 92 00
Fischbuffettage und Öffnungszeiten von Restaurant/Café siehe www.wattkieker.de

Frisch aus der
KOMBÜSE
Das Essen soll zuerst das Auge erfreuen
und dann den Magen

blanvalet
MORD
IN GERMANY
100 % HOCHSPANNUNG
Margaret
ATWOOD
JULIAN
BARNES
DER LÄRM
DER ZEIT
Jeder stirbt für sich allein
Hans
Fallada

MORDKOMPOTT ZUM DESSERT

14

Tatort Ostfriesland: Auch in Deutschlands Nordwesten feiern Regionalkrimis Erfolge. Hier stellen die Autoren ihre Ermittler in Geschichten wie »Ebbe und Blut« vor harte Aufgaben, und sie verwöhnen ihre Fangemeinde mit spannungsgeladenen Lese-Abenden auch an außergewöhnlichen Orten, mal im Gefängnis, mal im OP.

»›In der vergangenen Nacht hat sich von einer Windkraftanlage bei Visquard in der ostfriesischen Gemeinde Krummhörn der Rotor gelöst und ist zur Erde gestürzt. Die Ursachen des Unglücks sind noch unklar.‹ Toni Mensing startete den Diesel. ›Wahrscheinlich haben sie einfach noch nichts gemerkt.‹« (»Ebbe und Blut«, Leda-Verlag 2006) Wie im wahren Leben spielen die Krimis von Peter Gerdes vor der eigenen Haustür. Dass sich der Ostfrieslandkrimi zu einer geschätzten Marke entwickelt hat, ist zu einem großen Teil das Verdienst von ihm und seiner Frau Heike. Beide sind Autoren literarischer Verbrechen, beide Ostfriesen sowie Drahtzieher, Organisatoren und Veranstalter zahlreicher kriminal-literarischer Spektakel. Allen voran der ostfriesischen Krimitage, an denen Autoren an originellen Orten aus ihren Büchern lesen: im Gerichtssaal, im Gefängnis, in der Polizeiinspektion, in Mühlen, auf Schiffen, sogar in einem Operationssaal, wo der Autor anschaulich erklärt, auf welche Weise jemand auf dem OP-Tisch um die Ecke gebracht werden kann.

Erschaudern, mitfiebern und mittüfteln können Sie auch im Tatort Taraxacum, der Krimi-Buchhandlung der Gerdes in der Leeraner Innenstadt. Neben klassischen Lesungen dort werden im angeschlossenen Restaurant regelmäßig mörderische Menüs aufgetischt – Mordkompott zum Dessert. Viermal im Jahr verwandelt sich der Laden außerdem zur Bühne und die Theatergruppe Zwölf-Meter-Hase aus Oldenburg spielt auf zum Krimi-Dinner. Hier ist Mordwesten: Der Leda-Verlag von Heike Gerdes hat sich auf Krimis aus den nordwestdeutschen Küstenländern spezialisiert. Professionelle Krimi-Autoren treffen sich zudem im Tatort Taraxacum zum Mordwest-Stammtisch.

Krimi-Buchhandlung Tatort Taraxacum · Buchhandlung Mo–Sa 10–18, Juli, Aug. und Dez. auch So 14–18 Uhr · Café Mi–So 12–18 Uhr · Rathausstr. 23 · 26789 Leer
Tel. 0491/91 22 62 86 · www.tatort-taraxacum.de

15 SPECK-MARMELADE UND BIER-AUFSTRICH

Grünkohl, ja. Aber als Pesto? Steckrübe, okay. Aber als orientalischer Chutney? Landbier, gern. Aber als Aufstrich? Anne de Vries' Rezepte sind nordisch-ostfriesisch und doch auch wieder nicht. Ihre Küche wird manchmal Versuchslabor, in dem sie viele neue Ideen austüftelt.

Das Kraut für den Waldmeister-Aufstrich wächst im eigenen Garten wie die Rosen für ihren Rosenblüten-Aufstrich, natürlich alles ungespritzt. Überhaupt stammt das meiste, was Anne de Vries verkauft, aus der heimischen Region. Die kreativen Chutneys, Aufstriche und Pestos entstehen am eigenen Herd, die anderen Besonderheiten in Familienbetrieben und kleinen Manufakturen wie knusprige »Süchtigmacher« (die heißen wirklich so) aus Augustfehn, Wurst-Spezialitäten aus Weener, Mühlen- und Leuchtturm-Nudeln, Käse und Wein.

Anne de Vries arbeitete als Web- und Grafikdesignerin. Das Kochen stellte einen schönen Ausgleich zur Computerarbeit dar. Und wenn sie kocht, dann ideenreich – das versteht sich bei dem Beruf. Seit 2011 kreiert sie ihre »Landleckereien« und verkauft sie meist online. Eine kleine, feine Auswahl finden Sie aber auch im Kreativladen Einfach Schön auf der Rathausstraße in Leer.

Rezepte, Tipps und Vorschläge zu Fragen wie »Welches Chutney passt zu Wild? Zu Gemüse? Zu Ei?« gibt Anne de Vries auch auf ihrer Facebook- und Internetseite. Da gibt es Raffiniertes wie das gepfefferte Gurken-Chutney, indisches Möhren- und das namibische Farmer-Chutney. Alles in allem produziert Anne de Vries rund 8500 Gläser im Jahr, darunter auch Marmeladen, Aufstriche und Gelees.

Gesund-Esser wählen Sanddorn-Holunder-, Neugierige den Lavendel-Vanille-Aufstrich und die Speck-Marmelade, Party-Mäuse probieren Landbier-Aufstrich aus dem Klassiker der Bagbander Brauerei Ostfriesen Bräu (siehe S. 81) und den Café-Whisky-Cream-Aufstrich. Entdecken und genießen können Sie aber noch vieles mehr …

Landleckereien · Feinkost aus eigener Manufaktur · Im Kreativladen Einfach Schön
Di, Do, Fr 10–13, 14.30–17.30, Mi 14–17.30, Sa 10–14 Uhr · 26789 Leer
Tel. 0491/79694084 · www.landleckereien.de

Neue Produkte
Fühl dich frisch!
Ernährung umgest
DIE KEKSE
stehen jetzt links vom
Laptop.
MÜSLI
ERBSE-INGWER

FRIEDRICH

FRIEDRICH

AUSSCHANK MIT TRADITION

16

Schwere Säcke zu schleppen, macht durstig. Da tut es gut, wenn ein frisches Bier die trockene Kehle hinabrinnt. Und so schenkt der Wirt den Männern von Bord gern einen ein, wenn sie ihre Waren im Hafen am Leda-Ufer entladen und zur Waage hinüberhieven. Das Gebäude wurde im Jahr 1714 erbaut.

Es ist stattlich und schmuck mit Wappen und Sonnenuhr, und geräumig genug. So kann der Wirt als Pächter darin den Waagedienst im unteren Stockwerk verrichten, treppaufwärts seine Gastwirtschaft führen und obendrüber noch wohnen. Doch zunächst dauert es, bis die Leeraner Kaufleute sich gegen den Widerstand Emdens behaupten können. 1749 erstreiten sie endlich das Vorbeifahr-Recht für ihre Schiffe in Emden, zunächst gegen Zoll und Gebühren. In Leer muss dann jedes einfahrende Schiff die Waage benutzen – eine gute Zeit. Doch bald rumort es erneut: Seit Leer im Jahr 1508 das Marktrecht erhalten hatte, beanspruchte die reformatorische Kirche das Wiegerecht für sich. Nun häufen sich Klagen über Willkür und Betrügereien. Doch erst 1865 hebt das Königreich Hannover, zu dem Ostfriesland in jener Zeit gehört, das Privileg der Kirche auf Drängen der Kaufleute auf und gibt es an die Stadt. Gewogen und ausgeschenkt wird bis nach dem Zweiten Weltkrieg.

Schauen Sie sich viele tolle Schiffe an: bei einer Rundfahrt mit dem Grachtenboot »MS Koralle« durch den Handels- und Museumshafen von Leer.

Pächter und Küchenchef Mario Brüggemann ist die bewegte Schanktradition seines Restaurants Zur Waage am heutigen Museumshafen bestens vertraut. Hier begann seine berufliche Passion als Lehrling. Zwei Jahre war er hier zudem Küchenchef. Er arbeitete in Sterneküchen in Osnabrück, Wolfsburg, Frankfurt, führte sein eigenes Haus in Kiel. Klassisch und zugleich modern, nachhaltig und regional nun seine Waage-Küche in Leer: vollständig selbst und energiesparend hergestellt sowie weitgehend Verzicht auf Plastik. Seine Spezialität: Suppen, Eintöpfe und ungewöhnliche Kompositionen.

Restaurant Zur Waage · Neue Straße 1 (am Hafen) · 26789 Leer · Tel. 0491/622 44
www.restaurant-zur-waage.de · **Museumshafen** · www.schipperklottje.de/der-museumshafen

17 ROLLMOPS MIT MÖWENGESCHREI

Länger als 35 Jahre? Nie hätte sie gedacht, dass sie ihrer Fischbude am Helgolandkai so viele Jahre treu bleiben würde. Heidi kam der Liebe wegen von Köln an die Küste. Dafür lieben sie ihre Gäste. Fast 50 Stammkunden-Becher stehen aufgereiht hinter ihr auf dem Regal.

Manche Kunden kommen jeden Tag für ein Fischbrötchen auf die Hand oder ihren persönlichen Fischteller und den eigenen Pott Kaffee dazu – den mit dem Bild der Kaiser-Wilhelm-Brücke, nicht weit von hier hinter dem Deich, oder mit dem Fahrgastschiff »Etta von Dangast«. So weit vorne am Wind wie Heidi richtet niemand sonst hier seine Fangfrischen an. Beim flotten Zubereiten stehen die Gäste dabei, kein Fischbrötchen liegt vorgefertigt hinter der Tresenscheibe. Die Auswahl ist breit: den Bismarck bekommen Sie pur, gerollt, gebraten. Matjes pur und als Salat. Makrelen, Krabben, Scholle, Fischfrikadellen, Fischspieß, Räucherlachs. Nach Karte oder nach speziellem Wunsch, mit Beilagen oder ohne, mit Remoulade oder hauseigenem Knoblauchdip – für Landratten gibt es alternativ Schnitzel, Currywurst & Co.

Bewundern Sie Plattfische, Seehunde und andere Nordseebewohner zum Greifen nah im Aquarium am Deich, auch Haie und Pinguine können Sie dort sehen.

Wenn Sie bestellen, kaufen Sie die salzige Luft, Möwengeschrei am Kai und eine steife Brise gleich mit. Dazu Ausblick auf Boote von Zoll, Wasserschutz, Seenotrettern sowie die imposante »Rüstersiel« vom Wasser- und Schifffahrtsamt am Anleger. Wenn ein Sturm die Gischt herüberpeitscht, kommen die Gäste besonders gern, sagt Heidi. Doch wenn es zu sehr pustet und das Wasser steigt, müssen sie und Kollegin Dagmar Hüls den Platz schon mal für ein, zwei Tage räumen und ihren Imbiss-Anhänger ein paar Meter weiter ins Trockene ziehen. Von Oktober bis vor Ostern wird das Deichvorland geräumt: Winterpause. Dann kümmert sich Heidi um Haus und Familie. Beide kommen während der Sieben-Tage-Woche in der Saison zu kurz.

Heidis Grill- und Fisch-Imbiss am Helgolandkai
Gründonnerstag bis 3. Okt. tägl. 10–18 Uhr · 26382 Wilhelmshaven
Aquarium · tägl. 10–18 Uhr, außer 24. Dez. · Südstrand 123 · www.aquarium-wilhelmshaven.de

AQUARIUM
Coca-Cola
Grill und Fisch-Imbiss
Coca-Cola

Vespa

STRANDCAFÉ AM U-BOOT-HAFEN

18

Ein gestohlenes Auto hat es in Wilhelmshaven zu spätem Ruhm gebracht: Sieben Jahre rostete der Smart im Hafenbecken vor sich hin. Bei der Versteigerung im Internet brachte der Muschel-Smart 1131,11 Euro ein. Im Strandcafé erinnert man sich gern daran.

»FAZ«, »Fokus«, »Bild«, »Welt«, »Hamburger Abendblatt«: Quasi über Nacht ist der gestohlene Smart, von einer dicken Schicht Muscheln bewachsen, berühmt. Und mit ihm sein Verkäufer, Andreas Jäger, Besitzer des Strandcafés Fährhaus am Banter See. Der romantische See war einst Hafenbecken der Kriegsmarine mit U-Boot- und Torpedo-Werft. Seit 1948 trennt ihn der Grodenwall vom übrigen Hafen. Bunker und Kaianlagen wurden gesprengt und sind heute ein Ziel von Hobbytauchern. Durch Zufall entdecken Taucher Ende 2014 den Smart. Andreas Jäger, mit einem Faible für kuriose Autos und spontane Ideen, lässt sich den Fund nahe seinem Strandcafé nicht entgehen. Er greift zu und versteigert den Wagen für einen guten Zweck. An die erzielten 1131,11 Euro für die Wilhelmshavener Tafel und an die unerwartete bundesweite Begeisterung denkt er gern zurück.

Sein Strandcafé ist inzwischen gewachsen: um eine windgeschützte Terrasse mit Blick auf den See, um lauschige Bänke am Wasser und um einen Steg, von dem Tretboote starten. Im Café kommt von den Torten bis zum Sanddornlikör-Sekt nur Selbstgemachtes auf den Tisch. Unangefochten beliebt sind auch der selbst gebackene Apfelkuchen und die hausgemachten Frikadellen. Als Gast können Sie sich hier wie zu Hause und vielleicht auch ein bisschen wie an der Copacabana fühlen. Für das Feierabend-auf-der-Terrasse-Gefühl bringen Sie Ihr Bier vom Tresen selbst nach draußen. Im Jahr 2005 hat Jäger mit vier Tischen angefangen und dann den Strandsand im Schubkarren aufgefahren. Heute veranstaltet er Grill- und Tapas-Buffets, Beach- und Mottopartys, Livemusik, Privat- und Firmenfeiern – freut sich aber auch nach wie vor, wenn Sie einfach nur See, Sonne, Sand genießen wollen.

Strandcafé Fährhaus · Henschelstr. 15c · 26382 Wilhelmshaven
Anf. Mai–Ende Sept. tägl. 12 Uhr bis Sonnenuntergang · Tel 04421/236 11 und 0170/247 48 12
www.strandcafe-fährhaus.de · Veranstaltungen: facebook/strandcafe fährhaus

19 VON DANGAST ZUR DOCUMENTA

Für diesen Rhabarberkuchen reihen Sie sich sicher gern in die Schlange. Das Anstehen vor dem Kuchentresen im Alten Kurhaus ist Kult. Beim Plaudern hat sich hier sogar schon eine Ehe angebahnt. Ständig frisch nachgebacken, duften die Rhabarberplatten ganzjährig von der Frühstücks- bis zur Abendbrotzeit.

Durch die drei Meter hohen Fenster im Speisesaal und von der großen Terrasse aus geht der Blick über den Jadebusen, der bei Ebbe leer läuft, ans andere Ufer. Der Geestrücken, der unmittelbar davor endet, bietet einen natürlichen Schutz vor Hochwasser und beste Sicht. Zum Baden und Wattlaufen starten Sie direkt vor der Haustür, zehn Meter tiefer am privaten Strand. Hausherrin Maren Tapken pflegt ihn wie das Waldstück mit den stattlichen Bäumen, die ihr denkmalgeschütztes Haus von der Landseite umringen. Sie bewahrt das ehrwürdige Anwesen bereits in der fünften Generation.

Die Mutter dreier Kinder hat Kulturpädagogik mit dem Schwerpunkt Kunst studiert und dann noch das Hotelfach von der Pike auf gelernt. So fließen beide Traditionen des Ortes Dangast – die künstlerische und die des ältesten Nordseebades nach Norderney – im Alten Kurhaus zusammen. Maren Tapken veranstaltet Lesungen, Konzerte, Open-Air-Kino sowie, als Teil des Teams, das »Watt En Schlick Festival« am Kurhaus-Strand, das 2017 den Publikumspreis »Bestes Festival des Jahres« gewann.

Markante Bilder zieren die Wände des Speisesaals, wie der mehrere Meter breite Blickfang des Beuys-Schülers Anatol. Seinen Beitrag zur Kunstausstellung documenta 6 im Jahr 1977, »Traumschiff Tante Olga«, baute er in diesem Haus. Das großformatige Bild entstand danach, zur Einweihung des Kurhauses nach der Renovierung im Jahr 1980.

Die kulinarischen Klassiker hier sind die hausgebackenen Rhabarber-, Apfel-, Pflaumen-, Käse- und Marmorkuchen. Sie gibt es den ganzen Tag über mit Kaffee oder Tee, dazu eine Mittagskarte mit nordischer Hausmannskost und ein solides Frühstück zum Start in den Tag.

Altes Kurhaus Dangast · Fr–So 9–20 Uhr · An der Rennweide 46 · 26316 Varel
Tel. (Do–So) 04451/44 09 · www.kurhausdangast.de

FÄHRKROOG

AAL-GENUSS MIT GESCHICHTE

20

Wenn die Aale die norddeutschen Flüsse und Seen verlassen, um in der fernen Sargassosee vor Florida ihre Nachkommen in die Welt zu setzen, werden sie nie wieder zurückkehren. Bis zu zwei Jahre dauert ihre anstrengende Reise, bevor sie dort laichen und sterben. Ihre Larven ziehen in großen Schwärmen zurück nach Europa.

Von der gefahrvollen Wanderung und schließlich der schicksalhaften Rückkehr der erwachsenen Tiere an den Ort ihres Lebensbeginns erfahren Sie als Gast im Fährkroog Dreibergen. Mehr als 4500 Kilometer lassen sich die Aal-Larven mit dem Golfstrom von der Sargassosee an die europäische Küste treiben. Das dauert etwa drei Jahre, in denen sie zu etwa sieben Zentimeter langen Glas-Aalen heranwachsen. Diese ziehen die Flüsse hinauf und fressen sich jahrelang eine Fettschicht an, um sich für den langen Rückweg – dieses Mal gegen den Golfstrom – zu wappnen. Nach sechs bis zehn Jahren sind sie geschlechtsreif, verlassen Flüsse und Seen und schwimmen zurück ins Laichgebiet und in den Tod.

In dem jahrhundertealten Bauernhaus direkt am Zwischenahner Meer können Sie Ihren Aal nach Größe und Gewicht auswählen, selbst abziehen und dazu Korn aus dem Zinnlöffel trinken. Die Karte bietet auch Aal filettiert sowie zahlreiche andere Fisch- und Fleischgerichte.

Die Aalräucherei Friedrich Bruns in Bad Zwischenahn, die die frischen Räucheraale an den Fährkroog liefert, engagiert sich dabei auch in Sachen Nachhaltigkeit: Entsprechend ihrer verkauften Menge setzt sie jedes Jahr junge Aale in heimischen Gewässern aus, um den Fortbestand der Tiere zu sichern. Dazu werden Glas-Aale bei ihrer Ankunft an europäischen Flussmündungen abgefangen, in Aalfarmen auf rund zehn Gramm aufgepäppelt und dann mit deutlich größeren Überlebenschancen wieder freigesetzt. Zusätzlich wurden 2019 im Rahmen des Meertages in Bad Zwischenahn 10 000 junge Aale ausgesetzt.

Fährkroog · tägl. 10–23 Uhr · warme Küche 11.30–14 Uhr und 17–22 Uhr, dazwischen Kaffee und Kuchen · Dreiberger Str. 25 · 26160 Bad Zwischenahn/Dreibergen Tel. 04403/83 60 · www.faehrkroog-dreibergen.de

SO ETWAS GIBT'S NUR HIER!

AUSSERGEWÖHNLICHES UND **KURIOSES**

KEINE ZEIT FÜR ROMANTIK

21

Heyo Steenblock bekommt keinen Nostalgie-Bonus, wenn er seinen Kunden die 25- und 50-Kilo-Säcke in den Kofferraum hievt. Höchstens von Urlaubern, die im Vorbeifahren die Hälse recken, wenn sich die Mühlenflügel drehen. Aber Steenblock wäre nicht Windmüller, wenn er nicht doch eine romantische Ader hätte.

Innen setzen die Flügel ein verzahntes Räderwerk in Gang, das ächzt, rumpelt und knarzt wie ein Segelfrachtschiff, das in alten Abenteuerfilmen durch die schwere See pflügt. In die engen Holzstufen zwischen den drei Stockwerken haben Heyo Steenblock und die Generationen vor ihm viele Jahrzehnte hindurch Mulden getreten. Halten Sie sich gut am Tau fest, wenn Sie die Treppe nach oben gehen, denn sie ist steil. Aber es lohnt sich!

»Wir müssen uns genauso am Markt behaupten wie andere«, sagt Steenblock, da zählen Qualität und Preis. Kunden kaufen vor allem Tierfutter bei ihm – als einer der letzten gewerblichen Windmüller Ostfrieslands hat er sich darauf spezialisiert. Wieder klingelt das Handy. Das Geschäft mit der Mühle und dem familiären Landhandel lässt ihm kaum Zeit, anders als der Anblick der gemächlich schwingenden Flügel vermuten lässt.

Schon Steenblocks Vater Theodor war passionierter Windmüller. 1955 übernahm er die damals stillgelegte, 1886 erbaute Mühle und richtete sie mühsam wieder her, wobei sogar sein Lanz Bulldog eine Zeit lang als Antrieb herhalten musste. Das Mahlen mit Wind war nicht mehr angesagt, erst in den 1970er-Jahren begann man die Tradition wieder zu schätzen. Nur wenn es absolut nicht anders geht, schmeißt er den Elektromotor an. Sonst schwört er auf die Windkraft. »Das ist ein anderes Gefühl: Man arbeitet mit der Natur, mit den Elementen. Zu segeln ist ja auch anders als Motorboot zu fahren.« Die mit Mehlstaub umhüllten Spinnweben in dem mächtigen Gebälk könnten Sie glauben lassen, hier wäre die Zeit stehen geblieben. Aber das täuscht, denn die Arbeit in der Windmühle könnte fortschrittlicher kaum sein: Steenblock erzeugt und verbraucht seine eigene regenerative Energie.

Windmühle Steenblock · Besucher willkommen · Gruppen nur auf Anmeldung · Postweg 7 Ecke Am Unterende Nord · 26629 Spetzerfehn · Tel. 04943/648

22 TÖDLICHE LIEBE

Da wartet eine junge Fürstentochter sehnsüchtig auf ihren Geliebten, gleich werden sie sich endlich das Jawort geben. Das große Fest ist vorbereitet. Die Hochzeitsgesellschaft hat sich herausgeputzt. Tausende Blumen schmücken den Weg der Liebenden. Doch das Schicksal meint es nicht gut mit ihnen.

Die Blumen, die Kinder an den Rand des sandigen Weges gelegt haben, sollen dem Paar eine glückliche Zukunft bringen. Schließlich handelt es sich bei der Braut nicht um irgendein Mädchen, sondern um eine Tochter der ostfriesischen Häuptlingsfamilie Cirksena. Es ist Himmelfahrtstag, und die junge Frau wird unruhig. Wie kann sich ihr Zukünftiger ausgerechnet an diesem Tag so sehr verspäten? Sie ahnt Böses, als ein ernst blickender Mann auf ihr Haus zugaloppiert. Nachdem sie ihn angehört hat, sinkt sie besinnungslos zu Boden: Ein eifersüchtiger Rivale, dessen Angebot sie vor einiger Zeit verschmäht hatte, lauerte ihrem Geliebten auf und ermordete ihn hinterrücks. In tiefem Gram und Schmerz hört auch ihr Herz auf zu schlagen. Im Tod vereint werden die Brautleute durch die blumengesäumten Straßen getragen, die doch für ihren Freudentag geschmückt waren. Schluchzend begleiten viele Trauernde das Paar auf seinem letzten Weg.

Zum Andenken an diese Geschichte schmücken Kinder noch heute zu Himmelfahrt die Straßenränder mit bunten Blütenbildern: In Rahmen und Kästen, gefüllt mit Sand und Moos, betten sie blumige Herzen und Kreuze, die Liebe, Treue und Glauben symbolisieren, sowie ostfriesische Motive wie Leuchttürme, Schiffe und Mühlen. Das schönste Bild wird vielerorts von einem lokalen Komitee ausgezeichnet. Die traurige, romantische Legende sei mit historischen Fakten nicht belegt, heißt es. Sie rühre vermutlich von der uralten Tradition her, Verstorbene mit leuchtenden Blumen zu bestatten, die sie auf ihrem Weg ins Jenseits und zum Fortleben nach dem Tode geleiten sollen. Wo immer dieser anrührende Brauch seinen Ursprung hat, wird er doch weiter am Himmelfahrtstag Einwohner und Urlauber Ostfrieslands erfreuen.

Brautpfade · An Wegesrändern überwiegend im Landkreis Aurich, zu dem auch der frühere Landkreis Norden gehört

OSTFRIESLAND ÄQUATOR

DER ÄQUATOR IST VERRUTSCHT

23

Ostfriesland ist eine Welt für sich. Nur logisch, dass es auch seinen eigenen Äquator hat. Der teilt die ostfriesische Halbinsel bei 53°30'00" N in Nord und Süd. Er verläuft im Westen 50 Meter nördlich des Pilsumer Leuchtturms und im Osten zum Jadebusen südlich von Mariensiel.

Diese Angaben hat jedenfalls das Katasteramt Aurich im Jahr 1974 errechnet. In die andere Richtung, von Nord nach Süd, können Sie das Land auf dem Ostfriesland-Wanderweg durchqueren. Die 97 Kilometer von Bensersiel an der Küste bis nach Rhauderfehn auf der ehemaligen Kleinbahnstrecke sind auch bei Radfahrern sehr beliebt. Zur Äquator-Querung kommen Sie schließlich auf dem Ostfriesland-Wanderweg zwischen Aurich-Sandhorst und Plaggenburg unter einem symbolischen Holztorbogen hindurch.

So war mehr als 40 Jahre lang alles in bester Ordnung in der ostfriesischen Welt, bis die Digitalisierung diese aus Holz gezimmerten Tatsachen auf den Kopf stellte. Die Mitte Ostfrieslands liegt nämlich ein ganzes Stück südlicher, prüfte Ende 2017 ein findiger Redakteur der Lokalzeitung nach. Er legte den nördlichsten Punkt Spiekeroogs und den südlichsten in der Gemeinde Rhauderfehn für seine Berechnungen zugrunde. Demnach verläuft die Linie durch die Mitte Ostfrieslands bei 53°24'29'' N.

Tatsächlich überqueren Sie also auf Grundlage dieser neuen Zahlen den Äquator auf dem Ostfriesland-Wanderweg südlich von Aurich-Oldendorf. Im Westen verläuft die gedachte Linie nördlich des Campener Leuchtturms. Dieser markante Stahlfachwerkturm an der Mündung der Ems in die Nordsee ist mit rund 65 Metern der höchste Leuchtturm in Deutschland. Im Osten stößt der Äquator in der Gemeinde Friedeburg an die ostfriesisch-friesische Grenze.

Wieso die Verschiebung damals zustande kam? Der nördlichste Punkt Ostfrieslands wurde offenbar nördlich der Ostfriesischen Inseln im Meer festgelegt, möglicherweise um eine rundere Gradzahl oder/und eine Touristenattraktion für Aurich zu schaffen.

Ostfriesland-Äquator bei Aurich-Sandhorst
Querung des Ostfriesland-Wanderwegs (97 km) von Rhauderfehn nach Bensersiel

24 LASS DEN DRACHEN TANZEN!

Das vier Meter fünfzig große Tier verschlingt fast vierzig Quadratmeter Segeltuch. Schablonen schneiden, zusammennähen: Drei Tage hat Leo Ubags aus Blomberg an der Lippe an seinem grün-rot-gelben Fauchi gebaut. Nun ist der Lenkdrachen in Top-Form, um in den Himmel über Norddeich zu steigen.

Der Drache bäumt sich auf und zeigt seine volle Kraft. Ein kleineres Zwei-Meter-Tier und ein rot-orange-brauner Koloss hängen mit ihm an der Leine. Der Wind pfeift heftig, sodass man auf dem Meer seekrank wäre. Doch hier am Deich von Norddeich blickt man mit festem Boden unter den Füßen auf die imposanten Schiffe im Hafen. Das mächtige Gespann – die Fauchis, wie Leo Ubags seine drei Drachentiere nennt – hängt an einem sogenannten Lifter. Dieser Gleitschirm an der Spitze hält die drei stablosen Figuren in der Luft. Um ihn zu bändigen, braucht es grifffeste Handschuhe und viel Kraft.

Der schneidende Wind, der an dem Gleitschirm zerrt, bläst wie bestellt an diesem Drachenfest während der Himmelfahrtsfeiertage, zu dem Drachenfreunde aus ganz Deutschland und Holland anreisen. Auch Manfred Schroller aus Bielefeld ist seit 2003 jedes Jahr mit von der Partie. Er hat seinen Wohnwagen neben den von Leo Ubags gestellt und davor das Banner mit der Spannenburg, dem Bielefelder Wahrzeichen, in den Boden gepflockt. Man kennt sich, fachsimpelt, die Kragen der warmen Jacken hochgeschlagen. Für Gäste auf der Campingwiese wird ein Brötchen-Service organisiert, schließlich legt das Veranstalterteam, »Kultur Nord«, Wert darauf, dass sich die Teilnehmer wohlfühlen. An diesem Abend flattern die Blomberger Drachentiere ruhig neben Teddybären, Kätzchen, Ringdrachen und Tintenfischen. Zum Nachtfliegen am Sonnabend werden sie sogar innen beleuchtet oder angestrahlt. »Morgen lasse ich die Drachen tanzen«, verspricht Leo Ubags.

Das ganze Jahr über können Sie farbenprächtige Drachen auf der Drachenwiese Norddeich bewundern, aber während des dreitägigen Drachenfests tanzen sie besonders kunstvoll am Himmel.

Drachenfest Norddeich · Himmelfahrtsfeiertage · Drachenwiese Norddeich
Veranstalter: www.kultur-nord.de

Dat
OTTO
HUUS

DER AUSSERFRIESISCHE

25

Der sensationelle Fund bei Deicharbeiten in der Krummhörn liefert den Beweis: Der Ottifant gehört seit Urzeiten zum kulturellen Bewusstsein der Ostfriesen. Das Bruchstück einer Wandmalerei, gefunden im März 2017 an der Unterseite eines 1,5 Tonnen schweren Steinblocks, liegt im Otto Huus hinter Glas.

Sie haben es sicher geahnt: Die Zeichnung wurde nahe des Pilsumer Leuchtturms gefunden und stammt angeblich aus der Jungsteinzeit. Haben die Menschen damals die Entwicklung kommen sehen? Trotz vermeintlicher Verwitterungsspuren erkennen Sie ein vierbeiniges Rüsseltier und daneben ein aufgerichtetes Wesen mit Käppi und halblangen Haaren im berühmten Otto-Schleichgang. Seit seinen Fernseherfolgen in den 1970er- und 1980er-Jahren gehören Ostfriesland und Ottos charmanter Humor zusammen. Als rasender Reporter Harry Hirsch und als Frau Suhrbier parodierte er durch deutsche Fernsehstuben; 1989 wird der rot-gelbe Pilsumer Leuchtturm durch seinen Kinofilm »Otto – Der Außerfriesische« bundesweit bekannt.

Geboren wird Otto Waalkes im Juli 1948 im kriegszerstörten Emden. Mit elf Jahren trat er zum ersten Mal öffentlich in einem Emder Kaufhaus auf: Dabei brachte ihm der Babysitter-Boogie einen 30-Mark-Gutschein ein. Im Alter von zwölf Jahren bekam er seine erste Gitarre und coverte ab 1964 mit der Band The Rustlers überwiegend Beatlesstücke bei Auftritten in Ostfriesland. Ein Studienplatz in freier Malerei blieb Otto verwehrt, deshalb studierte er Kunstpädagogik an der Hochschule für Bildende Künste in Hamburg, arbeitete jedoch nie als Lehrer. Zu seinen Mitbewohnern der Hamburger Wohngemeinschaft »Villa Kunterbunt« gehörten Udo Lindenberg und Marius Müller-Westernhagen.

1987 eröffnete in Emden das Otto Huus, in dem u.a. der von Otto gezeichnete Ottifant in allen Variationen vermarktet wird. Im Obergeschoss sind Requisiten zu sehen sowie Sketche und Auftritte auf einer Kinoleinwand.

Dat Otto Huus · 1. Mai–31. Dez. Mo–Fr 11–17, Sa 11–14, So 11–15 Uhr
Große Straße 1 · 26721 Emden · Tel. 04921/221 21 · www.ottifant.de

26 HOCHBETRIEB IM MINILAND

»Auf Gleis 2 bitte einsteigen!« Die Regionalbahn am Emder Bahnhof setzt sich in Bewegung, Reisende schleppen Koffer, Mütter halten Kinder an der Hand. In Aurich drehen sich Windkraftanlagen, bei Leer schiebt sich das Kreuzfahrtschiff langsam durch die Klappbrücke – alles auf das Format 1:87 verkleinert.

Sieben gelernte Modellbauer und drei Techniker erwecken ostfriesische Städte und Regionen im Miniaturland zum Leben. Da spazieren Urlauber vor stattlichen Hotels auf Juist, Kutter schippern vor der Küste, ein Leuchtturm blinkt, Möwen kreischen. Dann wird es Nacht und Tausende LED-Lichter in Oldenburg leuchten – im Maßstab 1:87 und exakt bis zu den Straßenlaternen nachgebaut. Natürlich kann nicht jedes Haus berücksichtigt werden, das würde den Rahmen der beiden Hallen sprengen. Aber sicher werden Sie hier viele charakteristische Gebäude oder Straßen wiedererkennen.

Die Modellbauer erkunden dazu die Region auf Google Earth, anhand von Fotos und direkt vor Ort. Mit der computergesteuerten Fräse schneiden sie dann Rathäuser, Restaurants und Flugplatzterminals aus Kunststoffplatten zu. Manchmal nehmen sie eine Laubsäge zur Hilfe. Damit Autos wie von Geisterhand geschoben durch die Straßen schnurren, fräsen die Handwerker eine Nut in die Fahrbahnen der hölzernen Grundplatte, in der sich die Fahrzeuge bewegen. Dazu montieren sie in der Fahrspur ein magnetisches Band. Es wird feinsäuberlich übergespachtelt und in Straßenfarbe lackiert. Auf diesen Bahnen und von Akkus betrieben, drehen Autos, Lastwagen und Kutter beständig ihre Runden.

Vielleicht wollen Sie mal kurz ein bisschen Großstadtluft schnuppern? Dann gehen Sie einfach ins Obergeschoss der Halle 2, denn hier können Sie die Berliner City rund um den Alexanderplatz und das Regierungsviertel im Miniformat sehen. Die 800-Quadratmeter-Modellbahnanlage Loxx stand vorher im Kaufhaus Alexa in Berlin und wurde 2017 von den Leeraner Miniatur-Experten übernommen.

Leeraner Miniaturland · Di–So 11–17, Einlass bis 16 Uhr · Konrad-Zuse-Str. 1 · 26789 Leer
Gruppen auf Anmeldung · Tel. 0491/454 15 40 · www.leeraner-miniaturland.de

DAS FUN SCHIFF
SPUKSCHLOSS
BAYERNZELT

27 NERVENPROBE AN DER LEDA

Jeder Fahrschüler im Landkreis muss einmal hinüber, doch auch als erfahrener Fahrer oder routinierte Fahrerin schaffen Sie die Brückenüberquerung nicht immer schrammenfrei. Wenn es glimpflich verläuft, sind nur Spiegel, Radkappen oder Reifen kaputt. Ab und an muss die Feuerwehr jedoch mal ein festsitzendes Fahrzeug befreien.

Sollten Sie auf dieser Brücke so unsicher werden, dass Sie gar nicht mehr weiterkommen, rücken die Blauröcke auch mit der Seilwinde an, um Ihren Wagen herunterzuziehen. Hin und wieder ist sogar ein Totalschaden zu beklagen. Aber keine Angst! Der Großteil der Fahrer meistert die Nervenprobe pannenfrei. Die Fahrspur von Deutschlands schmalster Autobrücke in Amdorf misst nur 1,85 Meter. Hier überqueren Rad- und Autofahrer den Fluss Leda. Amdorf ist ein Ortsteil von Detern, das zur Samtgemeinde Jümme gehört.

Die 50 Meter lange Stahlbogenbrücke wurde Mitte der 1950er-Jahre gebaut, damit die Landwirte ihr Vieh von den weit verteilten Weideflächen der Gemeinde herübertreiben konnten. Auch Rettungswagen und Feuerwehr sollten schneller zum Einsatz gelangen. Zuvor ging es nur über die handbetriebene Pünte-Fähre auf direktem Wege zur Hauptverkehrsstraße nach Leer. Während der Betriebsruhe im Winter mussten Schüler, Postbote, Arzt und Einsatzkräfte einen 25 Kilometer langen Umweg in Kauf nehmen.

Die Amdorfer Feuerwehrleute queren diese »befahrbare Fußgängerbrücke« im Ernstfall noch immer und nutzen dabei jeden Zentimeter der Fahrspur aus. Dafür haben sie extra einen kleineren, älteren Einsatzwagen behalten. Die zeitgleich ebenfalls alarmierten Kollegen der Umgebung rücken dann mit größeren Fahrzeugen über die Hauptstraßen an. Bei normalen Personenkraftwagen ist mehr Luft zum Geländer. Da heißt es also nur Nerven bewahren. Gegenverkehr ist nicht zu befürchten: Eine Ampel regelt den Verkehr. Vieh wird heutzutage kaum mehr über die Brücke getrieben. Stattdessen ist die Überfahrt für Pendler eine Erleichterung und für Urlauber und Ausflügler eine Attraktion.

Ledabrücke bei Amdorf · Trappenweg · 26847 Detern · Ortsteil Amdorf

FÖRDERKREIS
Landfrauenverein
Marcardsmoor
Oldenburgische Landesbank
HELD

EIN BLÜTENMEER FÜR DIE KÖNIGIN

28

Die jüngsten Teilnehmer zittern schon am Donnerstag vor Freude und Aufregung. Dann dürfen sie mit einem Kinderkorso das Blütenfest Wiesmoor eröffnen. 500 Helfer kommen am Freitagabend zusammen, um an jeden Korsowagen rund 40 000 Dahlienblüten zu stecken. Insgesamt fast eine Million in prächtigen Farben.

Sie werden in den Niederlanden – früher in Wiesmoor – extra für das bunte Spektakel gezüchtet. Heidrun Engelbrecht gestaltet die Wagen und kalkuliert pro Quadratmeter rund 400 Blüten, die meisten in Gelb und Rot. Die Bauzeichnerin und -ingenieurin hat die künstlerische Leitung vom langjährigen Cheforganisator Reinhard Bildhauer übernommen.

Wenn Anfang September in Wiesmoor fünf Tage lang gefeiert wird, haben sie und das Organisationsteam vom Heimat- und Verkehrsverein sowie treue Helfer viele Monate intensiver Vorbereitung hinter sich: Anfang Mai bauen und montieren qualifizierte Handwerker aus Gruppen und Vereinen sowie einzelne Mitstreiter das Skelett für die Wagenaufbauten aus Eisenrohr. Bis dahin muss Heidrun Engelbrecht Motto und Motive gefunden haben. Sie schlägt das Thema vor, bevor sie sich an die konkreten Entwürfe macht: Acht Korsowagen und sieben für die Kinder sowie knapp 60 Staffeleien vor Geschäften werden mit Blumen bestückt. Feuerwehr, Landfrauen, Dorfgemeinschaften, Round Table, Kaninchenzüchter und viele mehr packen mit an, wenn die Styroporbauten an den Gerüsten verklebt werden müssen.

Derweil bewerben sich junge Frauen als Blütenkönigin, oft begleitet von einem wahren Hype ihrer Freunde und Fans im Internet. Den begehrten Titel vergibt am Festsonntag das Publikum.

Der leuchtende Korso zieht dann von der Blumenhalle, wo ganzjährig eine Blütenschau präsentert wird, durch den Ort über die Freilichtbühne und zurück. Nach dem Lichtspektakel am Kanal zum Ausklang des Fests am Montag können Sie einzelne Wagen zwei weitere Tage im Ort bewundern.

Blütenfest Wiesmoor · erstes September-Wochenende · Programm und Karten: Tourist-Info, Dahlienstraße 26 · 26639 Wiesmoor · Tel. 04944/919 80 · www.tourismus-wiesmoor.de

29 DIE KINDERSTUBE DER NORDSEE

Wie Sie sehen, sehen Sie nichts. Jedenfalls nicht, wenn Sie mit den Beinen auch nur knietief im Nordseewasser stehen und versuchen, den Meeresgrund und ihre Füße zu erblicken. Doch die modderige Brühe ist voller Leben – ähnlich einem wolkenverhangenen Nachthimmel, an dem alle Sterne leuchten, nur für uns nicht sichtbar sind.

Das Wattenmeer ist die Kinderstube der Nordsee. Fische wie Schollen, Seezungen und Wittlinge wachsen dort, im flachen Wasser, heran. Jahr um Jahr nach einem eingespielten, ausgeklügelten Prinzip: Die Schollen laichen im Frühjahr in der südlichen Nordsee. Mit der Strömung und der Tide treiben ihre Eier von dort ins Wattenmeer, wo die jungen Tiere – vor vielen Fressfeinden geschützt – ihre ersten zwei bis drei Lebensjahre verbringen. Danach wandern sie in die offene Nordsee hinaus.

Martin Ricklefs aus Neuharlingersiel kennt sich gut aus. Er ist gelernter Fischer, ebenso wie sein Bruder Stefan und sein Vater Hermann Ricklefs. Wenn sie von Frühling bis Herbst an Bord ihres Kutters »Seestern« gehen, sind sie nicht allein: Mindestens zehn Gäste begleiten sie bei ihren täglichen Fahrten ins Wattenmeer.

Kinder dürfen ebenso mit wie bekennende Landratten, wie man im Küstenjargon zu sagen pflegt. Denn das Meer zeigt sich hier selbst bei Schlechtwetter durch die vorgelagerten Inseln recht zahm, meint Martin Ricklefs. So fahren sie in der Saison sogar bis zu viermal pro Tag Richtung Spiekeroog und werfen das Netz aus, um ihren Gästen zu zeigen und zu erklären, wer in dem trüben Gewässer zu Hause ist: die jungen Schollen, Seezungen und Wittlinge, der Knurrhahn, Krebse und Krabben, Seesterne, Miesmuscheln, Herzmuscheln und vieles mehr. Natürlich auch die Seehunde, die der Kutter auf den Sandbänken vor dem Ostende der Insel Langeoog passiert. Der Fang wird übrigens wieder unbeschadet ins Meer zurück entlassen.

Kutterfahrten mit der »Seestern« · Schaufischen/Seehundbänke · ab Neuharlingersiel (1,5 Std / Aufenthalt auf Spiekeroog möglich) oder ab Spiekeroog · Anmeldung: 04974 / 847 Info: www.fk-seestern-245.de

SEESTERN

Warme
Seebäde

ABSCHLAG AUF DER FEHNBRÜCKE

30

Schwingen Sie den Golfschläger auf einem schwankenden Krabbenkutter oder bugsieren Sie den Ball zum Flügel der hohen Bockwindmühle: Beim Ostfriesen-Minigolf in Wiesmoor müssen Sie ostfriesische Hindernisse überwinden, wie sie typischer kaum sein könnten. *Swart bunte Kau* (schwarzbunte Kuh), *Koppje Tee* (Tasse Tee), Leuchtturm, Fehnbrücken und Torfabbau sind nur einige der 18 Spielbahnen, die diesen Minigolf-Parcours auszeichnen. Und ganz nebenbei lernen Sie an den Stationen, dass die Ostfriesen Weltmeister im Teetrinken sind (noch deutlich vor Engländern und Iren) und rund die Hälfte der einst 174 Windmühlen bis heute stehen. Einlass bis eine Stunde vor Schließung.

Erlebnisgolf Ostfriesland · Öffnungszeiten siehe Webseite · Dahlienstr. 26 · 26639 Wiesmoor
Tel. 04944/91980 · www.erlebnisgolf-ostfriesland.de

BADEN IM WARMEN NORDSEEWASSER

31

Sind Sie schon mal in der Nordsee geschwommen? Dann werden Sie wissen: Es ist wunderschön. Aber kalt.

Als Gäste auf Juist vor 120 Jahren Gelegenheit bekamen, ein warmes Bad im Nordseewasser zu nehmen, waren sie gleich begeistert. Das Badehaus wurde 1899 eröffnet und das Meerwasser in die Badekabinen geleitet. Heute beherbergt das denkmalgeschützte Haus Verwaltung und Standesamt.

Die Gäste baden nun im modernen Meerwassererlebnisbad in Nordseewasser mit mindestens 30 Grad. Dafür sorgen Solarenergie und Wärmepumpe. Auch die Luft wird über Kollektoren mit Solartechnik geheizt. Genießen Sie: Schwimmbahnen, Strömungskanal, Whirlpools, Massagedüsen, Grotte, Sprudelbecken. Liegestühle mit Meeresblick. Panorama-Sauna. Wunderschön. Und warm.

Meerwassererlebnisbad im TöwerVital · Warmbadstraße 3a · 26571 Juist · Tel. 04935/809862
www.juist.de/gesundheit/toewervital/meerwasser-erlebnisbad

32 HEXENHAUS AM WEGESRAND

Wenn Sie Ihr Augenmerk streng geradeaus auf die Straße richten, brausen Sie vermutlich glatt daran vorbei. Etwas zurückgesetzt gelegen, versteckt sich das Hexenhaus unter hohen Bäumen. Früher stoppten hier sogar Reisebusse und ließen ihre Gäste für ein Erinnerungsfoto vor dem ungewöhnlichen Häuschen aussteigen.

Kaufinteressierte hätten es gern zum Café umgebaut, aber für Heinrike Schoon war es vor allem immer eins: ihr Zuhause. Es zu verkaufen haben weder ihr Vater, Heinrich Coordes, noch sie je ernsthaft in Erwägung gezogen. Er machte das Haus zu dem, was es ist: eine Perle der kreativen Handwerkskunst, ganz privat, ohne Aufhebens und Publicity. Man mag sich kaum vorstellen, was der fünfjährige Umbau heute für Wellen schlagen würde. Haus und Besitzer bekämen Tausende von Likes.

Wie Heinrich Coordes auf die Idee kam, das Heim der Familie, gebaut 1923, mit selbst kreierten Waschbetonplatten zu verschönern, wissen Tochter Heinrike und Schwiegersohn Bernhard Schoon nicht. Mit wie vielen Platten der inzwischen Verstorbene die verspielte Fassade verblendet hat, haben sie nicht gezählt. Fest steht: Der Maurer und Zimmermann hat sein Projekt sehr lange und konsequent verfolgt. Glasperlen, Steinchen, ein gelber Spielzeugpudel – für jede einzelne Platte sammelte er kleine Teilchen und Klimbim, die er in die Betonoberfläche eindrückte, sodass alles fest sitzt und vollständig zu sehen ist. Jedes Teil bekam seinen ausgesuchten Platz. Die gesamte Wand und jede einzelne Platte haben den Charakter eines Kunstwerks.

Von 1962 bis 1967 dauerte die Arbeit – dann stand Heinrich Coordes' neue Fassade. Dekorative Mini-Fläschchen, eine Spielzeugmühle, Eiskonfektschachteln, kleine Figuren, sogar die äußeren Fensterbänke sind akkurat mit den Sammelsurium-Platten verziert, kaum ein Winkel der Außenwand liegt frei. Einheimische nennen das Bauwerk »Hexenhaus«. Ob seinem Schwiegervater klar war, dass er sich damit ein Denkmal setzte, wird Bernhard Schoon häufig gefragt. »Ich glaube nicht«, antwortet er.

Hexenhaus · Heinrike und Bernhard Schoon
Wiesederstraße 65 · 26446 Friedeburg · Tel. 04465/81 93

DeutscheBuc

MIT ELSA ZUM ABI

33

Ostfriesen pflegen ihre besonderen Eigenschaften: Sie brühen dem Gast sofort ein Tässchen Tee mit Kluntje und Klecks, sie hegen leidenschaftlich Haus und Garten, sie feiern gern, zeigen Humor und sind vor allem überzeugte, waschechte Landsmänner und -frauen. Mit dem Ostfriesen-Abitur können Liebhaber und Kenner ihrer Heimat offiziell belegen, dass sie wahrlich gute Ostfriesen sind – und auch als Gast stellen Sie hier Ihre Eignung unter Beweis. Geprüft werden Sie in Fächern wie Plattdeutsch sprechen, Tee trinken, Straßenboßeln, Padstockspringen (über einen Graben), Kuh Elsa melken, Bessensmieten (einen Strauchbesen werfen) und Krabbenpulen – alles mit Lachanfall-Garantie.

Ostfriesen-Abitur · große (4 Std.) und kleine (2 Std.) Prüfung für Gruppen und Urlaubsgäste
Tourist-Info Wittmund · Tel. 04462/98 31 50 · www.wittmund.de

SCHWIMMENDER LEUCHTTURM

34

Willkommen an Bord des Feuerschiffes »Amrumbank« – Kulturdenkmal im Emder Hafen, mitten in der Stadt. Mit Schiffs-Restaurant. Dank engagierter Vereinsarbeit können Sie einige Kammern der Besatzung original erhalten ansehen, ebenso ein Museum.

Die »Amrumbank II«, gebaut auf der Meyer Werft Papenburg, verhindert als schwimmender Leuchtturm von 1919 bis 1939 an der Untiefe Amrumbank vor Amrum Strandungen, unter anderem von Passagierdampfern auf der Route Hamburg–Sylt. Nach dem Zweiten Weltkrieg liegt das Schiff auf verschiedenen Positionen, ab 1969 bis zur Ausmusterung 1983 in der Deutschen Bucht, wie seitdem auf den Bordwänden zu lesen ist. Heute weist ein unbemanntes Feuerschiff mit moderner Technik dort der Schifffahrt den Weg.

Museum und Restaurant Feuerschiff »Amrumbank/Deutsche Bucht« · Georg-Breusing-Promenade · 26721 Emden · Museum: Tel. 04921/232 85 od. 0171/838 85 16 · www.amrumbank.de
Restaurant: Tel. 04921/999 65 00 · www.feuerschiff-emden.de

35 BETT MIT AUSSICHT

Wenn Sie die 124 Stufen gut 30 Meter in die Höhe geschafft haben, werden Sie mit einem Blick in alle Himmelsrichtungen belohnt. Schlaf- und Wohnzimmer bieten Panoramasicht und freien Ausblick auf den Jadebusen. Im Signalturm an der ehemaligen III. Hafeneinfahrt von Wilhelmshaven können Sie die Nacht verbringen.

Es hilft, wenn Sie einigermaßen schwindelfrei sind, um die Treppe des stählernen Turms zu erklimmen. Dort, wo früher Marinesoldaten mit Signalflaggen und Lichtmorsezeichen ihren Kameraden auf See Zeichen gaben und Nachrichten empfingen, kann man heute ein paar außergewöhnliche Urlaubstage in luftiger Höhe verbringen. Der Signalturm steht auf der Schleuseninsel. Er wurde 1935 als Ersatz für den vorherigen gemauerten Turm aus dem Jahr 1909 gebaut und steht unter Denkmalschutz.

Nach dem Zweiten Weltkrieg richtete der damalige Leiter des Instituts für Vogelforschung, »Vogelwarte Helgoland«, hier eine Beobachtungsstation ein, denn der ursprüngliche Standort auf Helgoland musste geräumt werden. Bis heute hat das Institut seinen Hauptsitz in Wilhelmshaven, seit 1966 auf dem ehemaligen Gelände des Forts Rüstersiel. Der Vogelbeobachtung und dem damaligen Institutsleiter Prof. Dr. Rudolf Drost ist es zu verdanken, dass der Signalturm der Sprengung durch die englischen Besatzer entging. Drost sprach im Frühjahr 1949 persönlich beim britischen Vize-Admiral Ian MacIntosh in Cuxhaven vor, um die Bedeutung des Turmes für die Studien des Vogelzuges zu betonen und fand in ihm einen Gleichgesinnten: MacIntosh war Präsident der Royal Naval Birdwatching Society, der Vogelbeobachtergruppe der britischen Marine, und der deutsche Professor überdies Ehrenmitglied der British Ornithologists' Union, der britischen Ornithologen-Vereinigung.

Heute gehört der Turm dem Hafenbetreiber Niedersachsen Ports. Pächter Udo Bendowski hatte ihn im Jahr 2005 zur Gästewohnung ausgebaut, inzwischen vermietet sie eine Baugesellschaft als neuer Turmpächter.

Signalturm Wilhelmshaven · Schleusenstr. 93 · 26382 Wilhelmshaven
Übernachtungen 1. Mai bis 31. Okt. (mind. 2 Nächte, Fahrräder inklusive) · Tel. 04421/18 07 45
www.spar-und-bau.de/service/gaestewohnungen/signalturm

SIGNALTURM.DE

KUNST MIT CHARAKTER

36

Man möchte meinen, dass dieser Gorilla gleich freundlich die Augen rollt, den Kopf dreht und das Weite sucht. Doch zur Flucht fehlt ihm der Körper. Diedel Klöver hat ihm ein Stück Leben eingehaucht, ihm einen Charakter gegeben, ihn aus Schrott gebaut. Im Sommer setzt ihn der Künstler in seinem Skulpturengarten ins hohe Gras.

Diedel Klöver blickt ihn an wie einen guten Freund. Im Herbst und Winter lässt er den Gorilla durch die Sprossenfenster seiner Ausstellungshalle blicken. »Wenn Blechplatten im Stahlwerk geschnitten werden, fallen an den Seiten Streifen ab und wandern in den Schrott«, erklärt Diedel Klöver. Unter seinen Händen formte sich daraus der Charakterkopf.

Inzwischen bevölkert ein ganzer Zoo die Ausstellungshalle und seinen Garten. Da trottet ein Eisbär aus Zündkerzen, da schreitet ein Mammut aus Getriebeketten, da erheben sich Schwäne im Abflug, da hält der Gepard aus Lochplatten auf einem Erdhügel in Habtachtstellung inne und schaut. Als Kind hat Klöver viele Tierfilme angesehen, hat Anatomie und Bewegungsmuster gespeichert. Von einem Freund inspiriert, fing er vor gut 15 Jahren mit dem Schweißen an und war sofort infiziert. Die Tiere, ihr Ausdruck, ihre Eigenarten verschmolzen in seiner neuen Kunst. Auch menschliche Bewegungen faszinieren den Schrottbauer: Zu seinen Skulpturen gehört die von Super-Leichtathlet Usain Bolt in doppelter Lebensgröße und vollem Sprint.

Eine zweite Leidenschaft begleitet Klöver noch länger: die Musik, speziell der Reggae. Diese Liebe teilt er mit seiner Frau Sista Gracy, einer Reggae-Sängerin aus Jamaika, die neben ihren Auftritten den naturnahen Skulpturengarten pflegt und darin sogar Bananenbäume und andere exotische Gewächse zieht, die im norddeutschen Klima überleben. Gemeinsam veranstalten sie dort, im Vareler Stadtteil Rallenbüschen, jeweils am zweiten Juli-Wochenende ein Reggaefestival mit internationalen Künstlern, bei dem Sista Gracy abwechselnd auf der Bühne und in der Küche steht. Am dritten Wochenende im August zeigen sie ihre Jahresausstellung.

Yard Art · Skulpturengarten, Musik, Atelier · Öffnungszeiten siehe Webseite u. a. Anfrage
Diedel Klöver · Dangaster Straße 96 b · 26316 Varel · Tel. 04451/55 19 · www.yard-art.de

37 WIE AUS DEM WAHREN LEBEN

Zu den dunklen Seiten des friesischen Erfindergeistes gehört der Holzofen, komplett aus Holz. Er wurde nur einmal benutzt ... Erfolgreicher war das Ein-Mann-U-Boot, mit dem man im Vareler Außenhafen allerdings nur abtauchen kann. Zum Glück gibt es Ebbe und Flut – ein Tauchgang dauert etwa sechs Stunden.

Als berühmteste Erfindung hierzulande gilt jedoch die Kilowattstunde: Zum Beweis bringt die Kilo-Watt-Maschine, mit Watt gefüllt, im Spijöök eine Glühlampe zum Leuchten. Und noch eine Entwicklung aus der Technik-Abteilung in diesem Museum ist legendär: die Tang-Stelle, eine Zapfsäule mit Treibstoff aus destilliertem Seetang. »Seemanns-Legenden« und »Regionale Wahrheiten« nennen Gerald Chmielewski und seine Kollegen die fantastischen Geschichten, die sie zu ihren kuriosen Ausstellungsstücken jedes Mal ein klein wenig anders erzählen. Da geht es um den Tee-Anbau in Südhanglage, zu dem es ein Deichfoto gibt; um die entschwundenen Fliegenden Fische und das Telegramm, das von der »Titanic« nach Varel entsendet worden war. Und darum, wie der Taschenkrebs zu seinem Namen kam.

Man könnte ihm stundenlang zuhören, allein schon der Stimme wegen. Gerald Chmielewski arbeitet im wahren Leben als Grafiker und Autor und produziert Hörspiele. Aber was ist schon Wahrheit? Wahr ist, dass man mit dem spijöökschen Plattenspieler das Gras wachsen hören kann. Wenn nicht, hört man sicher nur nicht genau genug hin.

Anfang der 1980er-Jahre erregte die Gruppe »Menschenmüll« mit skurrilem Aktionstheater am Vareler Hafen Aufmerksamkeit. Die Mitglieder, inspiriert von Kunstprojekten des Beuys-Schülers Anatol im nahen Dangast, suchten damals einen Raum für ihre Requisiten und befanden, dass die angebotenen 200 Quadratmeter am Hafen als reine Lagerhalle zu schade seien. Sie entwarfen und bauten ihre ersten Ausstellungsstücke, fabulierten und erspannen dazu die Legenden. In jeder Führung erwecken sie sie zum Leben.

Spijöök · Museum für Kuriositäten und Seemannslegenden
Öffnungszeiten siehe Webseite u. n. Vereinbarung
Kohlhof 5 · 26316 Varel (am Hafen) · Tel. 04451/4488 · www.spijöök.de

START

U-BOOT

TRÄUMEN UNTERM BLÄTTERDACH

38

Als einzige Straßenlaterne leuchtet hier der Mond. So sehen Sie bei der Anreise Ihr Bett in den Baumwipfeln von der Straße zunächst nicht. Genauso soll es sein. Wer herkommt, möchte seine Ruhe haben, die Blätter rauschen hören und das Amselkonzert zum Abendbrot.

Die vier Baumhäuser stehen in einem drei Hektar großen Waldgrundstück mit hochgewachsenen, alten Bäumen. Genügend Raum, damit Sie die beruhigenden Schwingungen der Natur in sich aufnehmen können – bei einer Tasse Kaffee zum Frühstück, während die Sonne durch die Blätter blinzelt, oder abends bei einem Bier oder Glas Wein unterm Blätterdach. Zeit, um die Entschleunigung zu genießen. Jedes Baumhaus im Resort Baumgeflüster ist knapp 40 Quadratmeter groß und steht, ebenso wie die circa 20-Quadratmeter-Terrasse, in vier Metern Höhe fest über dem Erdboden. Die exklusiven Suiten aus massivem Lärchenholz sind zu 100 Prozent allergikerfreundlich. Jede großzügig und modern, stilvoll und liebevoll eingerichtet für bis zu vier Gäste. Auch im Winter kann man hier eine kuschelige Auszeit verleben. Abseits des Trubels darf innere Ruhe einkehren.

Übernachten inmitten der Natur ohne Einbußen an Komfort, das war die Idee der Resort-Betreiber bei Baubeginn im Jahr 2011. So ist es bis heute geblieben: Dieser »Glamping Spot« (für Glamour Camping) bietet ein Designerbad mit Fußbodenheizung – mitten im Wald. Auf Wunsch wird Frühstück mit frischen Brötchen zum Quartier gebracht. Rehe, Eichhörnchen und Fasane besuchen Sie hier fast täglich. Auf dem Waldwanderweg können Sie bis zur Holzschaukel spazieren und auf der Wildblumenwiese im Frühjahr und Sommer den Duft der bunten Blüten tief einatmen.

Bäume, Bäume, Bäume auch rundherum. Das Resort Baumgeflüster liegt im Ammerland nahe dem Zwischenahner Meer. Die Region gilt als größtes Baumschulgebiet Europas. Wahrscheinlich sind Ihnen schon bei der Anreise die riesigen Flächen mit jungen Bäumen sowie die schulmeisterlich gestutzten Obstplantagen ins Auge gefallen.

Resort Baumgeflüster · Büro und Empfang: Brannenweg 22 · 26160 Bad Zwischenahn
Tel. 04403/620 272 · www.baumgefluester.de

MAL WIEDER
ZEIT FÜR KULTUR!

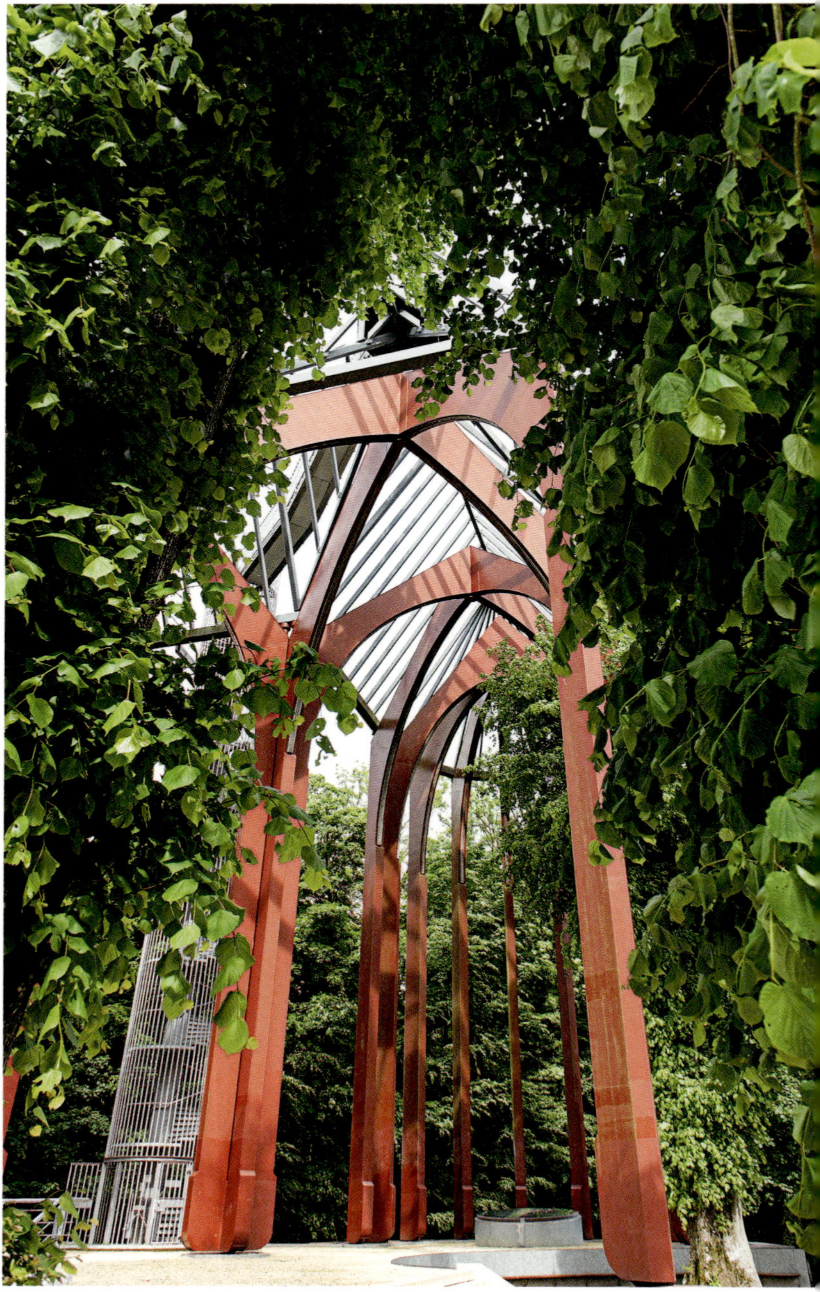

MOMENTE INNERER RUHE

39

Die Mauern des Klosters stehen schon lange nicht mehr. Aber der Geist der alten Mönche ist wieder lebendig, wenn auch verwandelt im Gewand der neuen Zeit. Abseits vom Trubel der Großveranstaltungen kann man ihn spüren, diesen Geist, der dem Besucher ein echtes Geschenk verspricht: ein paar Minuten innerer Ruhe.

Eine Efeuhecke, versetzt durchbrochen, deutet die ehemaligen Kirchenmauern an. Mitten im Innenhof, wo sich einst die mächtige Klosterkirche erhoben hat, steht ein einziger Stuhl. Ein paar original erhaltene Backsteine sind hier gestapelt – mit kniehohen Mauern eingefasst und einem Glasdeckel verschlossen, fast wie ein Grab, in das man ehrfürchtig hineinsehen kann. Hoch hinauf geht dann der Blick zu dem Kirchenschiff und dem Klosterkirchturm, deren Umrisse in Stahl und Holz nachgebaut sind; schlank, modern und elegant. Glas und Stahl als innere Brücke, die den Bogen vom Hier und Jetzt ein paar Jahrhunderte zurück ins späte Mittelalter schlägt.

Die Schule Gottes – so nannten die Zisterzienser ihr Kloster, das sie im Jahre 1228 an dieser Stelle gründeten. Es war eines der bedeutendsten unter den fast 30 Klöstern und Stiften in Ostfriesland mit der damals größten Kirche zwischen Bremen und Groningen. Wie stilles Studium, Fasten, Arbeit und Gebet, Armut und innere Einkehr ihr Leben bestimmten, das lernen und fühlen Sie im 14,6 Grad kalten Raum der Spurensuche im Kellergeschoss: spärliches Licht, meditativer Männergesang vom Band, uralte Fundstücke, moderne Projektionen historischer Fakten. Ein Raum für Besinnung und Konzerte.

Die Reformation zerschlug das Kloster, wie viele andere, an die Tafeln auf dem Hof erinnern. Die Grafen von Ostfriesland, Enno und Johann Cirksena, zerstörten 1529 die Kirche und richteten das klösterliche Gelände als fürstliches Jagdanwesen ein. Im 18. Jahrhundert wird auch dieses abgerissen und im Jahr 2009 schließlich die jetzige Klosterstätte eingeweiht. Für zwei Euro können Sie die 164 Turmstufen erklimmen und damit auch den engagierten Förderverein unterstützen. Wertmarken erhalten Sie im Klostercafé.

Klosterstätte Ihlow · Zum Forsthaus 1 · Führungen: Tel. 04929/891 03 · Turm und Raum der Spurensuche zu Café-Zeiten: Di–Sa 14–17, So 11.30–18 Uhr · www.kloster-ihlow.de

40 DER TURMBAU ZU AURICH

Seine Namen sind wahrlich nicht schmeichelhaft: »Auricher Tauchsieder«, »futuristischer Schrotthaufen« oder »reine Geldverschwendung«. Dennoch: Der so Betitelte bleibt ein beliebtes Urlaubsmotiv. Nahezu jeder, der die Stadt und ihren Marktplatz besucht, lässt sich vor dem Turm fotografieren.

Mögen die Auricher noch immer auf ihren Turm schimpfen – den Besuchern ist das egal. Sie halten ihn fest in ihrem Fotoalbum der guten Erinnerungen. Bei ihnen steht er als Andenken an erlebnisreiche Tage in dieser schönen Stadt. Einige Kritiker der ersten Stunde mag das überzeugt haben, ihre Stimmen sind leiser geworden. Vielleicht haben sie auch einfach aufgegeben. Der Turm steht immerhin schon rund drei Jahrzehnte, 25 Meter hoch, mit vier mal vier Glocken und 15 Stufen bis zur Plattform. Und mit Hörnern und Spiralen: ein Wahrzeichen aus Edelstahl, gebaut aus circa zehn Tonnen Recyclingmaterial aus dem Kernforschungszentrum Jülich.

Seinen offiziellen Namen »Sous-Turm« bekam das begehbare Kunstobjekt durch seinen Erbauer Albert Sous aus Würselen bei Aachen, der im Auftrag der Stadt ans Werk ging. Die Stadtpolitiker wollten damit die Innenstadt nach der Sanierung und dem Bau der Markthalle attraktiver gestalten und um eine Sehenswürdigkeit bereichern. Im Jahr 1990 erschuf Sous dort seinen modernen Turm. Zu jeder vollen Stunde läutet dessen Glockenspiel eine andere Melodie: Ein paar Takte traditioneller Volkslieder von morgens um 10 bis abends 18 Uhr erinnern für einen kurzen Moment an Kindertage. Nach 22 Jahren machte die Turmuhr allerdings schlapp: Der durchgerostete Minutenzeiger fiel herab. Die Uhr wurde runderneuert.

Der Edelmetaller, Bildhauer und Goldschmied Albert Sous genießt in seiner Heimat als moderner Künstler einen guten Ruf. Im Jahr 1935 geboren, absolvierte er zunächst eine Lehre als Kirchengoldschmied. Für zahlreiche, oft tonnenschwere Kunstwerke, Fabeltiere oder fantastische Maschinen verbaute er metallenen Abfall, die Hinterlassenschaft der Industriegesellschaft.

Sous-Turm · Marktplatz · 26603 Aurich
Glockengeläut zur vollen Stunde zwischen 10 und 18 Uhr

AURICH WIRELESS
NEU!
FREIES WLAN AUF DEM MARKTPLATZ

Handwerkliche
Braukunst
Ostfriesen
Landbiere

BRAUEN WIE DIE ALTEN OSTFRIESEN

41

Klirrte im Winter der Frost, wurde dem Bierbrauer warm ums Herz: Die Lagerung des Gerstensafts für den Sommer war gesichert. Hurtig den Eispickel geholt und hinaus auf den See, um Eisbrocken zu schlagen. Je mehr, desto länger hielt sich das Gebräu im Keller.

Gar nicht so leicht, immer genügend Eis für die kühle Lagerung des frisch gebrauten Biers vorrätig zu haben! Kluge Brauer wussten sich daher zu helfen und ernteten ihr eigenes Gefriergut an Eis-Galgen direkt über ihren Lagerkellern. Schon wenige Grad unter null reichten aus, um an dem clever ausgetüftelten Holzgerüst lange Eiszapfen wachsen zu lassen, wenn man die Holzstämme regelmäßig mit Wasser berieselte. Per Axt abgeschlagen, krachten die Zapfen dann durch eine Luke direkt in den Keller. Der Eisvorrat war nötig, um das frisch vergorene Bier in dicken Holzfässern wochenlang lagern zu können. Was für eine Erleichterung, als in den 1870er-Jahren Carl von Linde die Kältemaschine erfand. Damals war Bierbrauer längst ein angesehener Männerberuf. Im Mittelalter hatten Mönche begonnen, mehr Bier zu brauen, als sie für den eigenen Durst brauchten, und es zu verkaufen. Lange zuvor gehörte bei Germanen und Kelten das Bierbrauen wie das Backen zur Aufgabe der Frauen. Da Wasser ungekocht nicht gefahrlos genießbar war, löschte jeder – Jung oder Alt, Reich oder Arm, Frau oder Mann – den täglichen Durst mit Bier, denn beim Gären wurden Keime unschädlich gemacht. Diese und andere faszinierende Geschichten erfahren Sie in der historischen Landbrauerei in Bagband. Hier und in der modernen Brauerei nebenan lernen Sie, wie das Bierbrauen damals und heute funktioniert. Bei Bier-Seminaren und Ganztages-Braukursen können Sie sogar ein Bierkenner-Diplom erwerben. Essen, Trinken und den Gang durchs Museum gibt's auch ohne Führung.

> **Nach altem Rezept gebraut und frisch ins Glas gezapft: Probieren Sie »Landbier dunkel« der Brauerei Ostfriesen Bräu – unfiltriert, leicht und süffig!**

Ostfriesen Bräu · Historische Landbrauerei mit Museum und Brauhaus · Frühjahr–Herbst: tägl. 11–22 Uhr, Winter Mi, Do 16–22 Uhr, Fr–So 11–22 Uhr · Museum bis 19 Uhr · Küche bis 21.30 Uhr · Voerstad 8 · 26629 Großefehn-Bagband · Tel. 04946/203 · www.ostfriesenbraeu.de

42 HARTE ZEITEN MIT PLAGGEN UND SODEN

»Des Ersten Tod, des Zweiten Not, des Dritten Brot« – das Sprichwort der Moorerschließung gilt besonders für Moordorf. Die ersten Siedler mussten sehr viel Hunger, Arbeit und Entbehrungen in Kauf nehmen, um ihren Nachkommen ein etwas besseres Leben zu ermöglichen.

Man muss sich schon ordentlich bücken, um in die ersten Hütten hineinlugen zu können, die sie aus Stücken des Heidefeldes (Plaggen) und später aus getrockneten Torfsoden zusammenschusterten: Kaum vorstellbar, wie die ersten Familien in den Moorkolonien, völlig auf sich gestellt, jahrelang hausten. Sie flochten Matten aus Binsen und banden Besen aus Heidekraut, um mit deren Verkauf ein klein wenig zu verdienen. Sie brannten das Moor, um auf dem kargen Ascheboden Buchweizen anzubauen. Ihre Kinder liefen nach Aurich zum Betteln. Die Männer plagten sich, den als Brennstoff begehrten Torf mit Spaten aus dem Hochmoor zu stechen. Ihr wichtigster Lohn: Nach einem Erlass Friedrichs II. von Preußen aus dem Jahr 1765 durften sie das Stück Land nach dem Urbarmachen weiterhin bestellen und bewirtschaften.

Was dieses Urbarmachungsedikt bedeutete, wie sich die Siedler schließlich eine bescheidene Existenz aufbauen konnten und warum der Ems-Jade-Kanal 1888 ihre Hoffnung wurde, lernen Besucher im Moormuseum. Es beleuchtet den schweren Start der Menschen dieser ehemaligen Moorkolonie. Man tritt in die winzige Lehmhütte, setzt sich auf den Stuhl, auf dem damals nur die Eltern sitzen durften, während die Kinder, jedes mit seinem Löffelchen in der Hand, zum Essen um den Tisch herum standen. Auf harten Planken schliefen sie im selben Raum, alle in einem Bett. Während die Kolonisten in Moordorf sogar 1925 noch in Lehmhütten wohnten, ging es den Menschen der Umgebung schon früher etwas besser – das zeigt das Landarbeiterhaus des Museums. Wie man mit Lehm baut, wie man schmiedet, Matten flicht und Wolle spinnt, dürfen Kinder während der vielen Aktionstage von Mai bis September im Museum selbst ausprobieren.

Moormuseum Moordorf · Victorburer Moor 7 a · 26624 Moordorf/Südbrookmerland
Navi Parkplatz: Grenzstr. 8 · Moordorf · Tel. 04942/27 34 · www.moormuseum-moordorf.de
20.3.–31.10. Mo–So 10–18 Uhr (Einlass bis 17 Uhr), Winter auf Anfrage

HELLA ABRAHAM
GOLDSCHMIDT
GEB. WOLFFS
6·6·1913 - 29·3·1945
BENJAMIN WOLFFS
4·5·1871 -
HANNCHEN
WOLFFS
GEB. WALLHEIMER
31·3·1883 -
BENJAMIN WOLFFS
17·6·1885 - 16·7·1943
PAULA WOLFFS
GEB. HESS
28·11·1893 - 16·7·1943
GELLY
MEYERSTEIN
GEB. WOLFFS
1·5·1898 - 1943
CLARA WOLFFS
REVAL
SACHSEN
BUCHENWALD
THEODORA WOLFFS
GEB. GOLDBACH
CECILIE ABRAHAM BEHR
GEB. WOLFFS
27·9·1910 -
SALOMON WOLFF
ROSA GRUENBERG
MAGNUS WOLFF

AUF SCHINDLERS LISTE

43

Es dauert fast sechzig Jahre, bis sich Laura Hillman überwinden kann, in die Stadt zurückzukehren, aus der sie im Februar 1940 vertrieben worden war. »Juden, kommt raus«, riefen die Menschen vor ihrem Haus in der Marktstraße, als ihre Synagoge am 9. November 1938 lichterloh brannte.

Heute stehen auch die Namen ihres Vaters, Martin Wolff, ihrer Mutter Karoline und der Brüder Wolfgang und Selly auf den Gedenksäulen am Auricher Synagogenplatz. Selly war erst 14, als er im Zwangsarbeiterlager Budzyn starb. Martin Wolff hatte für seinen Einsatz im Ersten Weltkrieg das Eiserne Kreuz bekommen und nicht glauben können, dass seine deutschen Landsleute ihm Böses wollten. So nahmen die beiden älteren Schwestern allein Reißaus Richtung Irland und Palästina, bevor die Nazis 1939 einen Ausreisestopp verhängten. Die übrige Familie trennte sich, als sie am 10. Februar 1940 die Aufforderung erreichte, sie müssten Aurich verlassen: Die Eltern flohen nach Weimar, wo eine Tante wohnte, die Brüder nach Köln und Laura Hillman, die damals Hannelore Wolff hieß, nach Berlin. Boykott, Ausgrenzung und Schikanen hatten zuvor bereits viele Juden aus Aurich vertrieben.

In Weimar wurde ihr Vater von der Gestapo aufgegriffen. Er starb im März 1942 im Konzentrationslager Buchenwald, mit 47 Jahren. Die Mutter, sie selbst und ihre Brüder wurden gen Osten deportiert und durchlitten Unsägliches in mehreren Lagern. Warum sie im März 1944 als Nummer 278 »Schreibkraft« auf der Liste von Oskar Schindler stand, weiß sie nicht. Sie überlebte in der Fabrik des Industriellen, der auf diese Weise mehr als tausend Juden vor dem Tod bewahrte. Als sie nach dem Krieg vor ihrer Ausreise in die USA noch einmal an ihre Wohnungstür in der Auricher Marktstraße klopft, erkennt die Frau, die ihr öffnet, sie und sagt, sie habe hier nichts verloren.

Nach langem Schweigen erinnern seit 2002 Gedenksäulen am ehemaligen Standort der Synagoge an die Auricher Holocaust-Opfer, seit 2007 auch ein Modell des von den Nazis niedergebrannten Gotteshauses.

Synagogenplatz · Hoher Wall · 26603 Aurich · Stadtführungen sowie spezielle Führungen auf den Spuren jüdischen Lebens in Aurich · Tel. 04941/4464 (Verkehrsverein Aurich)

44 GÖTTLICHE KLÄNGE

Es hört sich an, als stimme gleich ein ganzer Chor mit an für den, der hier singt – wuchtig, aber fein abgestimmt. Wenn Sie die Holtroper Kirche betreten, sollten Sie gleich ein paar Töne probieren. Die fantastische Mikrofonanlage funktioniert ganz ohne Stromanschluss, Kabel, Verstärker und Rückkopplung.

Der Altarraum der Holtroper Kirche hat eine umwerfende Akustik – warum ihn die Kirchenbauer Mitte des 13. Jahrhunderts so aufwendig konstruierten und mit einem Lettner abtrennten, wird unter Wissenschaftlern diskutiert. Diese Trennwand zwischen Altarraum und Kirchenschiff, die hier mit hohen Bögen durchbrochen ist, baute man sonst in riesigen Klosterkirchen, um das Volk von den Geistlichen zu trennen. Im damals katholischen Ostfriesland allerdings gab es gleich 20 Dorfkirchen mit einem Lettner. Fünf davon sind erhalten, einer in Holtrop. Wie erhaben, wie Respekt und sogar Furcht einflößend müssen die Gesänge der Priester aus diesem Altargewölbe heraus für die Dorfbewohner auf den Kirchenbänken geklungen haben!

Unter dem Bogen hindurch fällt der Blick aus dem Altarraum wie durch einen Bilderrahmen auf Kronleuchter, klare Deckenmuster und die zartblau dekorierte Orgel. Anfang der 1970er-Jahre wollte man diese Distanz zwischen den Gemeindemitgliedern und ihrem Pastor sowie dem pompösen, historischen Altar nicht mehr. Im Zuge der Restaurierung baute man vor den dekorativen Bogen des Lettners einen zweiten, modernen Altar, nur wenige Meter von der vordersten Sitzreihe entfernt. Er fügt sich gut in das große Kirchenschiff, das ohnehin durch seine helle Schlichtheit imponiert.

Sie können außerdem die Kanzel und das mittelalterliche Wandgemälde an der Nordwand, das das Weltgericht zeigt, bewundern. Auch der schiefe Glockenturm – eher ein Glockenhaus – ist sehenswert. Wie damals oft in Ostfriesland, wurde er wegen des instabilen Untergrunds mit deutlichem Abstand neben der Kirche gebaut. Die drei Glocken läuten zum Gottesdienst sowie täglich um 8, 12 und 16 Uhr sowie sonnabends um 18 Uhr.

Kirche der evangelischen Kirchengemeinde St. Jürgen Holtrop
Kapellenweg 8 · 26629 Großefehn · Tel. 04943/1550 · www.kirche-holtrop.de

INSELFEELING FÜR ZU HAUSE

45

Die Natur ist für ihn das Maß aller Dinge. Dabei gehe es darum, ehrlich zu sein: »Wenn ein Bild von Herzen kommt und der Seele entspringt, dann ist es auch gut.« Diesen Leitsatz vermitteln Maler Anselm Prester und seine Nachfolgerin Carmen auch ihren Schülern. Als solche lassen sich zahlreiche Urlauber in ihren Malkursen inspirieren.

Im Atelier am Meer auf Langeoog folgt Enkelin Carmen inzwischen den Fußstapfen ihres Großvaters, sie hat die Ausbildung bei ihm bestanden, leitet die Kurse für Erwachsene und Kinder, gestaltet Gruppen und Einzelunterricht. Mit der dadurch gewonnenen Ruhe kann er seiner Kreativität noch mehr freien Lauf lassen.

Schon früh hatte der Künstler Verantwortung übernehmen müssen und freut sich nun, einen Teil davon weiterzureichen. 1959 hatte er mit erst 16 Jahren das Atelier und die Geschäfte des früh verstorbenen Vaters mit dem gleichen Namen, Anselm Prester, am Tegernsee übernommen. Von ihm hatte er das Handwerk gelernt und bildete sich dann fort, um seinen eigenen Stil zu entwickeln.

Die Liebe verschlug den jungen Mann in den hohen Norden, in die Heimat seiner Braut, die bald auch die Heimat seines Herzens werden sollte. Auf Langeoog zapfte er zunächst Bier in Schwiegervaters »Givtbude«, um seine Familie zu ernähren, legte Schallplatten auf und gründete in den 1970er-Jahren die erste Surfschule auf der Insel. 1978 kaufte er einen Strandsegler und betrieb die Gründung des Strandsegler Clubs. Kreativität und Innovation lebt er vielfältig aus und bereichert damit das Inselleben. Nationale und internationale Ausstellungen machten ihn zudem überregional bekannt.

Auf Langeoog ist er eine Institution. Seine Malkurse, die er vor mehr als 40 Jahren begann, sind für unzählige Gäste bleibende Urlaubserinnerung. Mit seinen Lehrfilmen über Pastellmalerei zu Themen wie »Himmel und Meer«, »Dünen« oder »Verwehte Spuren« können Sie ein Stück Inselfeeling zu Hause nacherleben.

Atelier am Meer · Höhenpromenade · 26465 Langeoog
Tel. 04972/63 71 oder 0176/70 68 75 84 · www.atelier-am-meer-langeoog-de

46 KEIN TAG OHNE TEE

Großer Kluntje oder kleiner? Es mag heute Zufall sein, wie groß der Kandis geraten ist, der sich in der Tasse knackend und knisternd dem heißen Teeüberguss ergibt. Früher ließ sich daran sehr wohl ablesen, ob der Gast ein gern gesehener und geachteter war. Dann erhielt er ein besonders üppiges Stück.

Umrühren kam damals nicht infrage, schließlich sollte der Kluntje für drei Tassen Tee reichen und sich nicht vorschnell auflösen. Natürlich muss mit der Zuckereinlage heute niemand mehr das moorig-moderige Wasser vertuschen. Auch nicht die frühere Bitterkeit des Tees, der – wieder und wieder aufgebrüht –, sich vom heutigen Geschmack deutlich unterschied. Wie damals mit Kluntje gesüßt, doch statt wie früher mit Ziegenmilch nun samt einem Schuss Sahne serviert, gehört die kräftige Schwarztee-Mischung nach wie vor zum ostfriesischen Alltagsgenuss. In jedem Haushalt, der etwas auf sich hält, liegen die verzierten Mini-Tassen mit den zierlichen Löffelchen bereit, dazu eine Sahne-Schöpfkelle, die aus einem Puppenservice stammen könnte.

Was das Ostfriesische Teemuseum in Norden und das Bünting-Teemuseum in Leer bei der Teestunde mit Besuchern zelebrieren, wird hierzulande weiterhin gelebt. In der gebuchten Teezeremonie lernen Sie viel über diese Tradition und dürfen probieren. Weitere Hintergründe beleuchten die Ausstellungen: Anbau, Verarbeitung, weltweiter Handel, Geschichte, ostfriesische Anbieter. Das Museum in Norden setzt allgemeiner an und zeigt zudem eine Teebeutelmaschine und eine Teekannen-Sammlung aus aller Welt. Es bietet interaktive Führungen und eine Mitmach-Werkstatt. In Leer bildet das Leben der Tee- und Kaffee-Großhändler-Familie Bünting den roten Faden durch die Geschichte der Teekultur. Das Haus bietet für Gruppen eine ausgiebige Verkostung und verschiedene Teezeremonien an. Hier können Gruppen den Museumsbesuch mit einer Führung in der Bünting-Teefabrik kombinieren.

Ostfriesisches Teemuseum · März Di–So 10–17, April–Okt. Mo–So 10–17, Nov.–Febr. Mi, Sa 11–16 Uhr · Am Markt 36 · 26506 Norden · Tel. 04931/121 00 · www.teemuseum.de
Bünting Teemuseum · Di–Sa 10–18 Uhr, April–Dez. auch Mo 10–18 Uhr, April–Okt. auch So 14–17 Uhr · Brunnenstr. 33 · 26789 Leer · Tel. 0491/992 20 44 · www.buenting-teemuseum.de

Bitte nicht berühren

Der Freund
dem Freund
1842

LIEBESTRANK FÜRS BETT

47

Als kleiner Kronprinz konnte Friedrich der Große dem bitteren Aufguss nur wenig abgewinnen. Der zarte Junge musste den ungesüßten grünen Tee als stärkende Medizin mehrmals am Tag trinken. Tee war angesagt bei Hofe – ein Aspekt, dem sich Nordens zweites Teemuseum widmet.

Das Missfallen kann man dem jungen Prinzen kaum verdenken: Mit kochendem Wasser aufgegossen, schmeckte der grüne Tee damals bitter. Das neue Getränk, das Schiffe der niederländischen Handelskompanie erstmals um 1610 aus China nach Europa brachten und das bald auch nach Ostfriesland gelangte, faszinierte die feinen Herren und Damen dennoch mindestens genauso sehr wie das zarte chinesische Porzellan. Kein Wunder, kannte man in Europa bis dahin doch vor allem das grobe Ton- und Steingutgeschirr.

Im Dezember 1752 lief das Segelschiff »König von Preußen« im Auftrag der Preußisch-Asiatischen Handelskompanie von Emden in Richtung Osten aus und brachte neben Tee Porzellan, Teedosen und weiteres Zubehör zurück. Der Handel boomte. Doch Friedrich, nun König in Preußen und Machthaber in Ostfriesland, wollte sein eigenes Porzellan und gründete 1763 die Königlich Preußische Manufaktur in Berlin. Später lief der fermentierte Schwarztee dem grünen Bruder den Rang ab. Zu jener Zeit wurde Tee längst nicht mehr nur bei Hofe, sondern gesüßt und sahnig in jedermanns Küche serviert.

Mit einer beeindruckenden Sammlung an asiatischen und europäischen Teeservicen aus Porzellan und Silber sowie an Gemälden lädt Oswald von Diepholz in seinem Teemuseum (nicht zu verwechseln mit dem Ostfriesischen Teemuseum nebenan) zu einer teekulturellen Zeitreise ein, mit einem Schwerpunkt auf den Gewohnheiten bei Hofe. Zu den teils außergewöhnlichen Exponaten gehören auch Tässchen für heiße Schokolade. Der Liebestrank, als der Kakao damals galt, wurde im Bett gereicht – die Untertassen daher mit festen Körbchen, damit die Tassen nicht verrutschen. Warum in Orange, wollen Sie wissen? Auch dies erzählt Ihnen Oswald von Diepholz im Museum.

Teemuseum Norden · Ostern–31. Okt. Di–So 12–17 Uhr (Änd. vorb.)
Am Markt 33 · 26506 Norden · Tel. 04931/13800 · www.teemuseum-norden.de

48 KORKWESTEN UND RAKETENAPPARAT

Elisabeth Leiß ist erst 21, als sie sich mit einem Ruderboot durch die Brandung kämpft und Kapitän Klein und der Besatzung des Wattenseglers »De Vrouw Alida« das Leben rettet. Das mit Getreide beladene, niederländische Schiff ist vor Langeoog Leck geschlagen und sinkt. Man schreibt den 16. August 1828.

Meist müssen die Küstenbewohner in jenen Tagen indes tatenlos zusehen, wie Menschen gestrandeter Schiffe vor ihren Augen ertrinken, weil das notwendige Rettungsgerät fehlt. So sterben 84 Menschen, als das Schiff »Johanne« mit 216 Auswanderern an Bord am 6. November 1854 vor Spiekeroog untergeht. Sie werden auf der Insel begraben. Das Unglück rüttelt die Küstenbewohner auf. »76 Schiffe strandeten von 1854 bis 1861 an unserer Küste und 118 Menschen kamen dabei ums Leben. Die meisten hätten gerettet werden können«, empört sich der Emder Oberzollinspektor Georg Breusing und gründet den ersten Verein zur Rettung Schiffbrüchiger; auf Langeoog und Juist schafft man dazu die ersten Rettungsstationen. Erster Vormann auf Langeoog wird Johann Adam Leiß.

Im Mai 1865 schließen sich die privaten Rettungsvereine zwischen Emden und Danzig zur Deutschen Gesellschaft zur Rettung Schiffbrüchiger (DGzRS) zusammen. Ein Meilenstein. Mit Korkwesten, Tauen und bald raffinierten Booten aus Stahlblech, die sie auf Transportwagen durch den Dünensand schleppen, eilen sie den in Not Geratenen zu Hilfe. Auch etliche Frauen rudern in den Rettungsbooten durch schwere See. Die Gesellschaft entwickelt bald einen »Raketenapparat«. Die Retter schießen damit ein Tau vom Strand auf das Unglücksschiff, um Havarierte in einer Hosenboje an Land zu ziehen.

Über die mutigen Einsätze können Sie sich im historischen Rettungsschuppen der DGzRS in Norddeich informieren. Am Hauptdeich sehen Sie darüber hinaus ein Denkmal, das an all jene erinnert, die ertranken. Die durch Spenden finanzierte DGzRS präsentiert sich und ihre modernen Boote jedes Jahr am Tag der Seenotretter in ihren Küstenstationen.

Historischer Rettungsschuppen Norddeich · Di, Do 10.30–12.30 Uhr · Tunnelstraße
Tag der Seenotretter der DGzRS am letzten Juli-Wochenende · www.seenotretter.de

CORRAMORE

Dem
Retter von 56
Schiffbrüchigen
Gewidmet
von den Badegästen
1895.

Sei getreu bis an den Tod.
so will ich dir
die Krone des Lebens geben.
Offb. Joh. 2.10

BLICKE HINTER DIE KULISSEN

49

Das verzahnte Uhrwerk aus dem Jahr 1873 tickt noch immer. Drei Gewichte an einem Seilzug halten die ausgetüftelte Mechanik mit dem schweren Pendel in Schwung. Jeden Dienstag, Donnerstag und Sonntag in der Saison wird es aufgezogen, um Besucher auf der zweiten Etage des Kirchturms in Esens zu faszinieren.

Früher steuerten die verschlungenen Zahnräder drei Ziffernblätter außen an der Kirchturmwand und brachten zudem die Uhrenglocken im Dachreiter zum Klingen – zu jeder Viertel- und zur vollen Stunde. Die Impulse dazu wurden über Drähte durch den Kirchturm und das Kirchendach bis zum Dachreiter geleitet. Das tickende Konstrukt wurde gut 100 Jahre nach Inbetriebnahme stillgelegt und seine Aufgaben übernahm ein Elektromotor. Doch seit 1982 ist es wieder instand gesetzt für das Kirchturm-Museum.

Sie müssen sich den Blick hinter die Kulissen schon ein wenig erarbeiten! Auf 113 Stufen erklimmen Sie Etage um Etage und sehen dabei das historische Uhrwerk, die Orgelmechanik und die gigantischen Kirchenglocken. Außerdem einen Bestattungswagen von 1880 und eine riesige Bibel, bevor der Blick vom Kirchturm den Aufstieg abrundet.

Die gewaltige St.-Magnus-Glocke aus dem Jahr 1728 hat zum Gottesdienst am Karfreitag ihren großen Einsatz. Dann ist sie als einzige Glocke zu hören. Exakt 3750 Kilogramm schwer, misst sie im Durchmesser 1,81 Meter. Solange sie still steht, kann man sie im Turmmuseum aus wenigen Metern Entfernung bewundern. Alle vier Kirchenglocken – auch die kleine Marienglocke von 1844, die Friedensglocke (1925) und die neue Glocke (1975) – läuten an besonderen Tagen wie Heiligabend, 1. Weihnachtstag, Ostersonntag und Neujahr. Sonst klingen diese drei Glocken im Wechsel. Musste das alte Uhrwerk früher täglich von Esenser Uhrmachermeistern aufgezogen werden, steuert seit 1990 ein Computer die Turmuhr, die Uhr-Glockenschläge und das Läuten der Glocken. Der Eintritt ist frei, um eine Spende wird gebeten.

Turmmuseum in der St.-Magnus-Kirche · Ostern bis Ende der Herbstferien
Di/Do 15–17, So 11–12 Uhr · Am Kirchplatz 5–7 · 26427 Esens
Tel. 04971/91 97 12 · www.turmmuseum-esens.de

50 SCHLENDERN, SCHAUEN UND VERWEILEN

Im Kutterhafen können Sie die Fischer beim Anlanden ihrer Boote beobachten. Keine historische Romantik, sondern von Ebbe und Flut bestimmter Arbeitstag – und dennoch wunderhübsch anzusehen. Der Hafen mitten im Ort ist das Herz von Neuharlingersiel und ein beliebtes Ausflugsziel, sonntags mit Musik.

Ganz dicht kommen die Kutter den Häusern rund um den Hafen, nur die Promenade liegt dazwischen. Seit 1880 leben die Menschen in diesem Ort von der Küstenfischerei. Davor diente der Hafen der Handelsschifffahrt und versorgte die Insel Spiekeroog. Auch heute starten die Fähren zur Insel in Neuharlingersiel. Im Jahr 2008 wurden die Hafenanlagen nochmals erweitert, die Anzahl der Liegeplätze erhöht und ein neues Fährhaus errichtet. Seit 2015 ist die neue Anlage zur Schiffsreparatur, die Helling, in Betrieb.

Von allen Schiffen liegt den »Hafenfreunden Neuharlingersiel« die »Lulu Meinders« besonders am Herzen. Das vereinseigene Traditionsschiff – ein Holzkutter im Originalzustand – repräsentiert die Kutterfischerei im Ort bis zum Ende der 1960er-Jahre. Die Vereinsmitglieder engagieren sich für die Pflege des Fischer- und Kutterhafens und den Erhalt der »Lulu Meinders«. Deren Name ehrt Lüke Meinders, genannt Onkel Lulu, einen Fachmann für den Holzschiffbau in Ostfriesland. Auf der Ditzumer Bültjer Werft baute er zahlreiche Holzkutter und half noch als Rentner bei vielen Reparaturen.

Das Buddelschiffermuseum am Hafen würdigt den großen Meister der Schiffmodellbauer, Jonny Reinert, und seine maritime Kunst. Die meisten der über 100 originalgetreuen Modelle stammen von ihm, wie das beeindruckende Flaggschiff von Admiral Nelson, »Victory«. Kapitänsbilder, Stiche und Fotos ergänzen die Sammlung. Während der Saison unterhalten Shantychöre und Jazzbands die Gäste sonntagvormittags in der Konzertmuschel am Hafen. Sie können sich zudem im Badewerk mit Wellness verwöhnen oder in einem der 600 Strandkörbe am Sand- und Grünstrand die Seeluft genießen.

Tourist-Info: Kurverein Neuharlingersiel · Edo-Edzards-Str. 1 · 26427 Neuharlingersiel Tel. 04974/18 80 · www.neuharlingersiel.de · **Buddelschiffmuseum** · April–Okt. 10–13, 13.30–17 Uhr und n. Vereinb. · Am Hafen West 7 · www.buddelschiffmuseum.de

ACC 16

MEDUSA
NEUHARLINGERSIEL

Anna Johanna

EIN HAFEN LEBT AUF

51

Geschichte muss nicht unumstößlich sein. So ist es den Verantwortlichen der Kommune und engagierten Bürgern zu verdanken, dass Carolinensiel wieder aufgeblüht ist. Sie haben 30 Jahre nach dem scheinbar endgültigen Aus für den Hafen eine Entscheidung korrigiert.

Carolinensiels Hafen, damals ohnehin vernachlässigt und verschlickt, wurde nach dem Bau eines neuen Hafens im vorgelagerten Harlesiel 1953 bis 1956 kurzerhand zugeschüttet und schließlich 1987 als Museumshafen wieder eröffnet, um Tourismus und Tradition zu pflegen. Häuser und Gärten fügen sich ins idyllische Bild. Kähne, die Seefahrerromantik verbreiten, zeugen von goldenen Zeiten, als Carolinensieler Kapitäne mit ihren Segelfrachtern die Erträge der fruchtbaren Marsch bis an die Mittelmeerküsten verschifften. Doch schon damals riss technischer Umbruch Menschen aus ihrer Lebenswelt. Mit der Dampfschifffahrt konnten die Segler nicht konkurrieren. Die Carolinensieler wichen aus auf die Küstenfischerei – ein Abstieg.

Schippern Sie doch mal mit dem Raddampfer »Concordia II« von Carolinensiel nach Harlesiel und retour!

Von den guten Jahren, der nachfolgenden Schufterei für wenig Geld und dem aufkommenden Fremdenverkehr, der neue Perspektiven brachte, erfahren Sie im Sielhafenmuseum. Schautafeln und Ausstellungen in drei denkmalgeschützten Häusern rund um den Museumshafen erzählen vom Leben der Kapitäne, von Leuchtfeuern und Wetterglas, von der Eindeichung und Gründung des Ortes im Jahr 1729 und seiner Namensgeberin Fürstin Sophie Caroline von Ostfriesland. Sie erfahren vom Alltag der Menschen mit dem Meer im Groot Hus (Häfen, Fischerei, Segelschifffahrt), im Kapitänshaus (Gute Stube einer Kapitänsfamilie, Hafenapotheke, Seemannskneipe) und in der Alten Pastorei (maritimes Handwerk). Fortschreitende Eindeichung und der zunächst schmerzliche Wandel der Häfen verschaffen dem Nordseebad heute gleich mehrere Attraktionen: Museumshafen und Sielhafenmuseum Carolinensiel, Jachthafen Harlesiel, Außenhafen und Nordseestrand.

Museumshafen und Sielhafenmuseum Carolinensiel · April–Nov./Ende Dez.–Anf. Jan. tägl. 10–18 Uhr · Pumphusen 3 · Tel. 04464/86930 · Der Eintritt gilt für alle drei Häuser · www.dshm.de

52 GEGEN DAS VERGESSEN

Hatte Hitler ihre Zerstörung bereits einkalkuliert? Ein »Neugestaltungsplan der Stadt Emden« aus dem Jahr 1943 hängt unter Glas im ehemaligen Bunker. Noch am 7. April 1945 erklärte der Reichskanzler die strategisch wichtige Hafenstadt zur Festung. Sieben Monate zuvor war ein Bombenhagel auf sie herniedergeprasselt.

In nur 18 Minuten rauschten am 6. September 1944 fast 15000 Spreng-, Brand- und Phosphorbomben aus 181 Flugzeugen der Royal Air Force auf die Stadt hinab. Ihr Auftrag: Emden dem Erdboden gleichzumachen. Es war ein lauer Spätsommertag, Abendbrotzeit. Der Angriff verwandelte die prachtvollen Renaissancebauten in ein Trümmerfeld. Er macht das »Venedig des Nordens« zu einer der am meisten vom Krieg zerstörten Städte Europas.

Als das Museum im Luftschutzbunker Holzsägerstraße in der Innenstadt 50 Jahre nach Ende des Zweiten Weltkrieges eröffnet, sind auch ehemalige Bomberpiloten jener Geschwader unter den Gästen. Das Museum will authentischer Ort des Erinnerns sein, Stätte der Begegnung von Besuchern unterschiedlicher Herkunft und politischer Überzeugung. Seit März 1994 setzt sich der Arbeitskreis Bunkermuseum e.V. für dieses Museum ein. Emder Bürger tragen mit Fotografien, Dokumenten und Erinnerungsstücken dazu bei.

Zeitzeugen berichten in Videointerviews, wie sie die Bombenangriffe als Kinder erlebten. Hinter einer ehemaligen Schutzraumtür sind historische Filmaufnahmen zu sehen. In der Ausstellung: Appelle an die deutsche Hausfrau, Kinderlandverschickung, Holzpritschen, Gasschleuse, Arzt- und Krankenstation, Flugblätter der Alliierten, Trümmerloren und der Neuanfang. 31 Weltkriegsbunker und damit die meisten Emder Schutzräume sind bis heute erhalten. Viele wurden von Zwangs- und Fremdarbeitern sowie Kriegsgefangenen gebaut. In ihnen überlebte ein Großteil der Menschen die zahlreichen Angriffe auf ihre Stadt. Die 23 Glocken im Turm des wieder errichteten Rathauses ertönten erstmals am 6. September 2000. Der Emder Bernhard Brahms stiftete das Glockenspiel zum Gedenken an die Zerstörung.

Bunkermuseum · Holzsägerstr. 6 · 26721 Emden · Do–So 13–16 Uhr · Gruppen n. Vereinb.
Tel. 04921/322 25 · www.bunkermuseum.de

WIRD

The Boston Daily Globe.
To Get Results Advertise Your Wants In the Daily Globe
TITANIC SINKS, 150
Carpathia Picks Up 675 Out of 2200---P
York---Survivors Mostly Women a

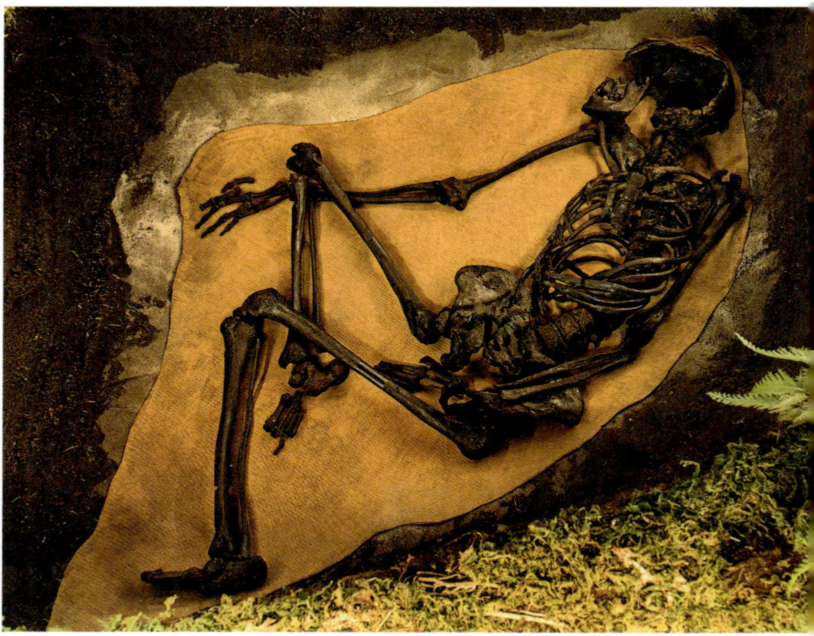

53

DIE »TITANIC« SINKT – DREI MAL

Gern hätte Dieter Weers selbst Buddelschiffe gebaut, doch als Geschäftsmann und Freizeitkapitän blieb ihm keine Muße für dieses Hobby, das Fingerspitzengefühl und Geduld verlangt. Als rüstiger Rentner ist er nun Herr über 600 Schiffe aus aller Welt und hat sich mit Deutschlands größter Buddelschiffsammlung einen Traum erfüllt. »Buddelschiffe haben mich schon immer fasziniert«, sagt Weers. Als diese Sammlung aus dem ehemaligen Museum Greetsiel zum Verkauf stand, schlugen er und sein Schwiegersohn, Gunnar Blank, zu. Die Bedingungen zum Kauf: Die Sammlung durfte nur als Ganzes abgegeben werden und sollte in Ostfriesland verbleiben. Die beiden richteten das Museum im hinteren Teil des Maritimen Einkaufszentrums in Ditzum ein. Star der Ausstellung ist der Untergang der »Titanic« in drei Szenen.

Buddelschiffmuseum Ditzum · März–Okt. Mo–Fr 7–19, Sa 7–18, So 8–13 Uhr, Nov.–Febr. Mo–Fr 7–18, Sa 7–14, So 8–11 Uhr · Pogumer Str. 1a · 26844 Ditzum · www.buddelschiff-ditzum.de

54

MANN GEGEN MANN

Im Ostfriesischen Landesmuseum stehen Sie schweren Rüstungen unmittelbar gegenüber. Ohne Vitrinen lassen sich Harnische, Helme, imposante Musketen und mannshohe Hellebarden inspizieren, mit denen die stolzen Emder ihre blühende, freie Stadt gegen machthungrige ostfriesische Grafen und gegen die katholischen Habsbuger verteidigen konnten. Ein zusätzliches Highlight der modern präsentierten, umfangreichen Ausstellung ist der »Mann von Bernuthsfeld«. Welcher Schreck für die Brüder de Jonge, als ihr Spaten im Mai 1907 beim Torfstechen im heutigen Aurich-Tannenhausen auf Knochen und einen roten Haarschopf stieß! Wie Ostfriesland zu Lebzeiten des Mannes im 8. Jahrhundert beschaffen war, wie sein Gesicht ausgesehen haben könnte und vieles mehr erfährt man interaktiv sowie auf Tafeln und in Vitrinen. Kinder können an Thementagen auf tolle Entdeckertour gehen.

Ostfriesisches Landesmuseum Emden · Rathaus am Delft · Di–So 10–17 Uhr
Brückstraße 1 · 26725 Emden · Tel. 04921/872058 · www.landesmuseum-emden.de

55 SPAZIERGANG DURCH DIE STEINZEIT

Denken Sie sich die Zeit um 5500 Jahre zurück: Die Menschen damals waren uns bereits sehr ähnlich, sagen die Historiker. Erstmals hatten sie in der Gegend, die heute Ostfriesland ist, bauchige Flaschen und Trinkbecher aus Keramik hergestellt. Die Becher waren am Rand wie Trichter geformt, weshalb man die damalige Art zu leben auch Trichterbecherkultur nennt.

Die Menschen wohnten in kleinen Siedlungen, in Häusern aus Holz und Lehm, hielten Schafe, Rinder, Schweine und säten auf dem kargen Boden Gerste und die alte Weizenart Emmer. Eine solche steinzeitliche Siedlung muss in der Nähe des Großsteingrabes Tannenhausen gestanden haben. Historiker haben daher bei den schulterhohen Findlingen einen informativen Rundgang gestaltet, der zu einer Zeitreise einlädt.

Großsteingrab Tannenhausen · ganzjährig durchgehend geöffnet · Am Hünengrab 26607 Aurich-Tannenhausen · www.museum-aurich.de/museum/grosssteingrab

56 LEBEN IN DER HÄUPTLINGSBURG

Diese Burg ist kein unbewohntes Museum, in dem man die Ereignisse vergangener Jahrhunderte erahnen kann – sie ist immer noch ein Zuhause. Seit 1490 befindet sich die Osterburg in Groothusen in Familienbesitz, durchgängig. Heute leben hier in der 24. Generation Gisela Kempe sowie Klaas und Dorothea Kempe mit ihren Kindern Sophia, Paul und Enno. Wie man modernes Familienleben mit dem Erbe dieser einstigen Häuptlingsburg verbindet, zeigt die Hausherrin bei Führungen durch historische Räume, unter anderem mit großer Ahnengalerie und teils original erhaltener Wohnkultur. Besucher werden gebeten, sich anzumelden, damit die Familie die Balance zwischen Privatsphäre und Öffentlichkeit halten kann.

Familie Kempe · Öffnungszeiten und Besichtigung siehe Webseite · An der Osterburg 1 26736 Krummhörn · Burgbesichtigung: Tel. 04923/805468 · www.osterburg-groothusen.de Burgcafé: 04923/9275323

EINE KUH FÜR DIE KUNST

57

Es mussten kräftige Rinder sein, die auf den Marsch-Weiden gut gediehen waren, fette Milch gaben und ein starkes Kalb. Schließlich sollten sie auf dem Groninger Markt einen hohen Preis erzielen, um die teure Orgel auszulösen. So schipperten die Rysumer mit ihrer muhenden Fracht über die Ems.

Man schreibt das Jahr 1441: Die Rysumer bitten Häuptling Olde Imel um freies Geleit, um die »vette Beste« ins Nachbarland zu schaffen. Dort wollen sie ihre Orgel beim Groninger Orgelbauer bezahlen. Voller Stolz lassen die Rysumer das neuartige Instrument in ihrer Kirche aufbauen.

Das Gotteshaus thront mitten im Dorf auf dem höchsten Punkt der Warft. Alle Wege laufen sternförmig darauf zu. Wie die Menschen ihre Häuser einst anordneten, erkennt man noch heute. Auch die Orgel, die um 1440 gebaut worden sein muss, verrichtet noch immer ihren Dienst. Sie ist der altgediente Star in dem Rundwarfendorf, in dem sich die ersten Siedler schon vor dem Deichbau, etwa um das Jahr 1000, niederließen. Zunächst errichteten sie wohl eine Holzkirche, die im 12. Jahrhundert eine Steinkirche ablöste.

Inzwischen pilgern Orgel-Liebhaber und Organisten sogar aus Asien und Amerika nach Rysum, um auf der einzigartigen spätgotischen Orgel, der ältesten bespielbaren Nordeuropas, zu musizieren – ein herausragendes Zeugnis einer frühen Blüte der Orgelkultur in diesem Küstengebiet. Auch Gäste und Besucher lauschen gern, wenn Organistin Jutta Tammeus darauf spielt. Sie staunen, wie stark und kraftvoll diese im heutigen Vergleich relativ kleine Orgel klingt. Aber es geht auch anders: Zart und wohltönend, ja geradezu einschmeichelnd erklingt die *Grande Dame* dann, als wollte sie ihren ganzen Charme ausspielen. Besonders die Musik aus dem 15. und 16. Jahrhundert entwickelt auf dieser Orgel eine unvergleichliche Ausdruckskraft. Dafür wird es bei den großen Stücken von Bach schwierig, denn das historische Instrument hat weniger Tasten, im Bass nur eine »Kurze Oktave« und kein Pedal. Doch genau das stellt für die internationalen Gast-Spieler den Reiz dar.

Rysum · 26736 Krummhörn · Öffnungszeiten und Führungen siehe Webseite · Führungen mit Organistin Jutta Tammeus: Tel. 04927/531 · www.rysum.org, www.rysum.reformiert.de

58 ANANAS IM SCHLOSSGARTEN

Weltoffen, wissbegierig, wagemutig: Der Graf besaß alle Eigenschaften, um nicht klein beizugeben; nicht mal angesichts des ostfriesischen Schmuddelwetters. Allzu gern wollte er seinen Gästen an der langen Tafel die schwere Frucht mit dem stacheligen Schopf servieren: saftig, süß, exotisch.

Die Ananas hatte es Carl Georg Graf von Wedel vor gut 150 Jahren angetan. Der Hausherr auf Schloss Evenburg war ein innovativer Mann. Er war größter Arbeitgeber der Region. Seine Pflanzenzucht, die Baumschule und Handelsgärtnerei versorgten nicht nur die eigenen Ländereien mit neuen Gewächsen, der Gartenbaubetrieb wurde im weiten Umkreis führend. Die heute noch beeindruckenden Linden der Schlossallee waren vermutlich schon um das Jahr 1880 groß und stattlich. Die Gäste des Grafen flanierten die Allee entlang und wurden in großzügigen Zimmern im Schloss einquartiert.

Heute gibt der Graf selbst, als junger Mann oder im reifen Alter, bei Zeitreise-Führungen Einblicke in seine Gemächer, seine Vision und seinen Unternehmergeist. Oder Trientje und Gertrude plaudern aus ihrem Dienstbotenleben, Gräfin Juliane von Wedel wiederum von Liebe und Intrigen. Für die historischen Rollen hat sich ein Team von Ehrenamtlichen gut ausgebildet.

Auch etliche andere Führungen, Thementage und Aktionen werden angeboten. Dass es bei Weitem nicht immer rosig stand um die Grafen und das 1642 erbaute Schloss, erfahren Spaziergänger auch auf Geschichtstafeln im 13 Hektar großen Park, der jederzeit offen steht. Als Vorbild für ihre detailbetonte Arbeit haben sich die Restauratoren das Schloss im Zustand von 1862 genommen. Nach dem damaligen umfassenden Umbau konnte Graf Carl Georg schon bald in seinen beheizten Gewächshäusern Ananas, Pfirsiche und Weintrauben züchten. 1975 kaufte der Landkreis Leer die Schlossanlage von der Familie. Mehr als 40 Jahre lang hatte niemand mehr darin gewohnt. Der letzte Teil der aufwendigen Restaurierungen endete 2014.

Schloss Evenburg · Mitte März–31. Okt. tägl. 10–18, 1. Nov.–10. Jan. tägl. 11–17 Uhr, Führungen n. Vereinb. · Am Schlosspark 25 · 26789 Leer · Tel. 0491/99 75 60 00
Park jederzeit kostenfrei zugänglich · www.evenburg.landkreis-leer.de

PRINZ HEINRICH

CAFE
BAR
LOUNGE
SCHÖNE

SCHWIMMENDES DENKMAL

59

Die Dampfmaschinen stampfen wieder. Im »Bordtelegramm Nr. 42« des Vereins heißt es: »Mit großer Freude gebe ich bekannt, dass unsere ›Prinz Heinrich‹ am 22. August 2017 um 13.20 Uhr zum ersten Mal wieder allein und mit eigener Kraft unter Dampf gefahren ist.« Der stolze Oldtimer ist wieder flott. Ein Meilenstein.

Vierzehn Jahre nach dem Kauf des historischen Dampfers im Jahr 2003 hat es der Verein »Traditionsschiff Prinz Heinrich e.V. ehemaliger Ems- Borkum-Dampfer von 1909« geschafft. Viel Geld steckt in dem Dampfantrieb, im Innenausbau und in den Holzdecks, denn die »Prinz Heinrich« war beim Kauf »in einem eigentlich hoffnungslosen Zustand«, sagt der Vorsitzende Dr. Wolfgang Hofer, dem Schiffsingenieure und Maschinenbau-Techniker zur Seite stehen. Ein unermüdliches Team aus fleißigen Helfern sowie Spender, Stiftungen und Sponsoren unterstützten die Fachfirmen, die das Schiff nach Original-Bauplänen sowie zwei zugekaufte Dampfmaschinen von 1922 restaurierten. Sie alle schultern nun die Aufgabe, es als letztes Zeitzeugnis der ostfriesischen Dampfschifffahrt zu erhalten.

Am Ufer der Wilhelm-Klopp-Promenade ist das Schiff am Liegeplatz nahe der Fußgängerbrücke im Alten Handelshafen, Höhe Amtsgericht, für jeden anzusehen. An Open-Ship-Tagen und auf Anfrage kann man es besichtigen. Die drei stilvollen Salons eignen sich für Familienfeiern und Veranstaltungen. Auch Fahrten auf der historischen Strecke Emden–Borkum und zu anderen Inseln werden unternommen sowie Ausflüge und Emsfahrten.

Die »Prinz Heinrich« wurde 1909 auf der Meyer Werft in Papenburg als Doppelschrauben-Post- und Passagierdampfer mit zwei 150-PS-Dampfmaschinen für gut 350 Fahrgäste gebaut und pendelte im Zuge des wachsenden Bädertourismus zwischen Emden und Borkum, für Ausflüge auch von Leer nach Borkum. 1970 wurde das mittlerweile umgebaute Schiff außer Dienst gestellt und nun – originalgetreu restauriert – zum maritimen Denkmal und nationalen Kulturdenkmal erklärt.

Historisches Dampfschiff »Prinz Heinrich« · Liegeplatz: Wilhelm-Klopp-Promenade · 26789 Leer
Fahrten/Besichtigung (Vereinskontakt): Tel. 0491/137 96 · www.prinz-heinrich-leer.de

60 WAS MACHT DIE ORGEL IM SCHRANK?

Da saßen Johanna und Deddine in ihrem eleganten Obergeschoss, mit dem Rücken zum Fenster und beobachteten über zwei Spiegel, was auf der Straße geschah. Wie es den eigenbrötlerischen Töchtern von einst wohl heute gehen würde, wo ihr Haus ein Treffpunkt für Orgelfreunde aus aller Welt geworden ist?

Damals luden die Schwestern keine Gäste ein. Sie galten als misstrauisch und unbeliebt. Eine Villa mit großzügigem Garten ließ Vater Jan Hesse seinen unverheirateten Töchtern errichten. Für den aufwendigen Bau bekam Architekt Richard Stüve, der schon die Evenburg umbaute, 1870 drei Jahre Zeit.

Heute sind Besucher willkommen; gern dürfen sie die verzierte gusseiserne Treppe, den kunstvoll gemalten Marmor und die Reliefs im Flur bestaunen. Es ist ein offenes, lebendiges Haus geworden, das durch die Arbeit, die darin geleistet wird, ausstrahlt in die Region und weit darüber hinaus. Im Organeum, der Orgelakademie Ostfrieslands, geht es ums Lernen, Forschen, einander Inspirieren. Es ist auch ein klingendes Museum. Leiter Winfried Dahlke veranstaltet Konzerte, Seminare und Exkursionen, er bringt Orgelmusik ins Klassenzimmer, ins Gespräch und ins Ohr.

Viele betuchte Familien der Region besaßen früher eine Orgel. So wie das Prachtstück im Organeum: Eine Kabinettorgel, erbaut 1790 von Ibe Peters Iben in Emden. Deren zumeist hölzerne Orgelpfeifen erzeugen einen Klang ähnlich wie Panflöten, auch wenn ihre weiß-goldene Oberfläche sie wie Metallpfeifen aussehen lässt. Verschließt man die Türen, gleicht diese Hausorgel einem reich dekorierten Wohnzimmerschrank.

Eine Pfeife pro Ton, lernt man in der kurzweiligen Führung, bis zu sechs Pfeifen pro Taste bei gemischten Stimmen, zusammen ein ganzes Orgelregister. Je tiefer der Ton, desto länger sind die Pfeifenkörper: von einem Zentimeter bis zu zehn Metern. Zu bestaunen und zu hören gibt es Orgeln, Cembali, Clavichorde, Tafelklaviere und Harmonien.

Organeum Orgelakademie Ostfriesland · Di–Fr 10–12 Uhr · Di–Do 15–17 Uhr
Führungen April–Sept. Mi 15–16 Uhr und auf Anfrage · Norderstr. 18 · 26826 Weener
Tel. 04951/91 22 03 · www.organeum-orgelakademie.de

WER HAT WAS AUF DEM KASTEN?

61

Eine Wunschvorstellung: Den Lehrer selbst wählen zu dürfen! Der Schulmeister hatte es vor 200 Jahren ohnehin nicht leicht und musste sich in kleineren Gemeinden reihum bei den Eltern seiner Schüler als »Löpelgast« mit an den Tisch setzen – so erzählt es das Schulmuseum.

Nach dem ostfriesischen Recht von 1599 durften der Prediger, Kirchenvorsteher, Bauernrichter, Armenvogt sowie Einwohner mit Land- oder Geldbesitz den Schulmeister wählen. Wollte der Lehrer heiraten, behielt sich das Wahlkomitee vor, ihm zu kündigen. Sein kleiner Lohn reichte ohnehin nicht, um eine Familie zu ernähren. In Kirchorten gehörte die Schule zur Kirche. Kein Wunder, dass die Kinder vor allem Bibelverse lesen und buchstabieren sowie Lieder aus dem Gesangbuch auswendig wissen mussten. Erst die Älteren lernten auch schreiben und rechnen.

Ein Lehrer in Marienhafe klagt 1772, zwei kaputte Fenster habe der Schulverwalter zumauern lassen, andere mit Lumpen zugestopft. Der Winter wurde so »jämmerlich durchstanden, dass ich und die Kinder vor Kälte fast erstarrten«. Tinte fertigten die Lehrer aus Eichengalläpfeln, nur wenige Kinder besaßen den Vorläufer der Schultasche, einen Schulkasten aus Holz. Das Lob »der hat viel auf dem Kasten« stammt aber wohl aus späterer Zeit.

Mit einem neuen Stundenplan in der preußischen Volksschule wehte ab 1872 ein frischer Wind. Die zunehmende Industrialisierung machte es nötig, weitere Fächer zu lehren. Für die mehr als 100 Schüler in Folmhusen gab es 1904 endlich einen zweiten Raum und einen zusätzlichen Lehrer. Wie es sich damals anfühlte, die hölzernen Schulbänke zu drücken, kann man im historischen Klassenzimmer des Museums erleben: Mädchen links, Jungen rechts, mit Schiefertafeln, Schulglocke, Kachelofen, Lehrerpult und strengem Blick nach vorn. Dies, ein Lehrer- und Schulzimmer um 1800 sowie spannende Geschichte(n) erkunden Sie auf eigene Faust oder mit Führung. Sie können auch eine Schulstunde wie vor 100 Jahren erleben.

Ostfriesisches Schulmuseum Folmhusen · März–Nov. Mi, Fr, So 15–17 Uhr, Juni–Aug. auch Di–Fr 10–12 Uhr Dez.–Febr. nur So, Gruppen n. Vereinbarung · Leerer Str. 7–9 26810 Westoverledingen · Tel. 04955/49 89 · www.ostfriesisches-schulmuseum.de

62 VOM MOOR ZUM MEER

Auf hoher See ist die Erste Hilfe des Kapitäns oft die einzige. Die Kiste mit den Röhrchen und Dosen ist das modernste, was die Reisemedizin jener Tage zu bieten hat: Quecksilber-Einreibungen bei Läusen und Syphilis, Blei-Essig bei Quetschungen und Augenleiden, Calomel-Pulver gegen Tripper.

Die Matrosen der Schonerbark »Margarethe« können sich glücklich schätzen, dass Kapitän Gewald aus Westrhauderfehn sie im Jahr 1891 nach der neuesten »Verordnung für die medizinische Ausrüstung deutscher Schiffe« von einem Hamburger Apotheker ausstatten ließ. Auf ihren Seereisen müssen sie ohne ärztliche Hilfe auskommen. Bei einer Fahrt wird die Mannschaft in Brasilien vom Gelbfieber überrascht.

Fehntjer Kapitäne sind damals auf allen Weltmeeren unterwegs, während ihre Frauen die Kinder und Hofstelle umsorgen. Manche Nacht liegen sie sorgenvoll wach, weil der Sturm heult und ihr Mann und die ältesten Söhne mit den Wellen ringen. Zwei-, Drei- und Viermastschoner ostfriesischer Kapitäne sind in der Schifffahrtsabteilung des »Fehn- und Schiffahrtsmuseums« in Westrhauderfehn zu bewundern – als mächtige Gemälde, als Modelle, Buddelschiffe und kunstvoll in Zigarrenkästen drapiert. Besucher erfahren von aufregenden Fahrten, Erfolgen und Familientragödien. Zu sehen sind auch seltene Utensilien von Bord wie die Medizinkiste sowie exotische und manchmal verrückte Souvenirs aus fernen Ländern.

Nachdem ihre Großeltern und Eltern das Moor (Fehn) entwässert, besiedelt und abgetorft hatten – wie im Untergeschoss des Museums zu sehen ist –, mussten die Fehntjer neue Einkommensquellen finden. Sie schipperten zunächst Torf, bald auch andere Waren über die Kanäle. Schiffbau, Zulieferhandwerk und Reedereien blühen auf und machen Leer nach Hamburg heute zum zweitgrößten deutschen Reedereistandort. Von Flüssen aufs Meer hinaus braucht es Mut und ein größeres Schiff. Beides bringt den Fehntjerfamilien innerhalb weniger Generationen beachtlichen Wohlstand ein.

Fehn- und Schiffahrtsmuseum Westrhauderfehn · Öffnungszeiten siehe Webseite · Rajen 5 26817 Rhauderfehn · Tel. 04952/95 27 08 · www.fehn-schiffahrtsmuseum.de

ARINE=LUFTSCHIF
L56

DER SCHIEFSTE TURM DER WELT

63

Vor 300 Jahren stand der Suurhusener Kirchturm noch gerade. Hätten inzwischen die Gemeindemitglieder nicht beherzt eingegriffen, wäre er längst eingestürzt. Seit der Giebel 1989 zu kippen drohte, verstärken ihn ein Stahlkorsett und -träger. Elf neue Pfähle im Boden stützen bereits seit 1982 die Fundamente, weil die jahrhundertealten Eichenbohlen die 2100 Tonnen schwere Last des Turms nicht mehr tragen konnten: Das Grundwasser, das die Bohlen konserviert hatte, war abgesunken; das Holz wurde brüchig. So neigte er sich um 2,47 Meter zum schiefsten Turm der Welt. Ärger hatte es schon um 1450 gegeben: Aus Platzmangel musste das Kirchenschiff gekürzt werden, um den Turm anzubauen.

Kirche Suurhusen · Führungen: 1. April–31. Okt. Di, Mi, Fr, Sa 10–12 und 15.30–18 Uhr und n. Vereinb. · Am Suurhuser Tief 7 · 26759 Hinte · Tel. 04925/525 · www.kirche-suurhusen.de

GEBORGENE KRIEGSRELIKTE

64

Bei der Suche nach Ölfeldern in der Ostsee im Juli 2006 holte der Krieg die Männer ein. Sie entdeckten das Wrack des Flugzeugträgers »Graf Zeppelin«, der am Ende des Zweiten Weltkriegs von den Deutschen selbst und 1947 noch einmal von den Russen versenkt worden war. Das Hin und Her um den Bau des gigantischen Flottenflugzeugträgers, der nie fertig wurde, dokumentiert das Zeppelinmuseum genauso wie die Routen der Luftschiffe, die im Ersten Weltkrieg u.a. von Wittmundhafen nach England starteten. Auch die Uniform eines Zeppelin-Maschinisten von 1911, gestiftet von Robert von Zeppelin, einem Nachfahren des Luftfahrtpioniers, und Modelle des Wittmunder Richthofen-Geschwaders sind zu sehen.

Zeppelin- und Fliegermuseum · Juli–Ende Okt. Di–Sa 11–16 Uhr und n. Vereinbarung
Drostenstr. 13 (Navi: Kurt-Schwitters-Platz) · 26409 Wittmund
www.zeppelin-und-fliegermuseum.de

65 HÄNDE-DRUCK FÜR TOLERANZ

Angela Merkel wollte bisher nicht mitmachen. Aber sie wird es sich wohl überlegen, wenn erst der Bundeskanzlerplatz am Eingang der Fußgängerzone von Wittmund eröffnet ist. Schließlich haben schon Helmut Schmidt wie auch die früheren Bundespräsidenten Christian Wulff und Joachim Gauck eingewilligt.

Die Reihe der Prominenten, die ihre Hände in das rosafarbene Schaumkissen drücken, um in der Wittmunder Fußgängerzone verewigt zu werden, wächst und wächst. Musiker wie Udo Lindenberg und Howard Carpendale, Schauspieler wie Heidi Kabel und Eva Mattes, Uwe Ochsenknecht und Dietmar Bär, Ex-Fußball-Nationalspieler Klaus Allofs und Olaf Thon, Bergsteiger Reinhold Messner und Abenteurer Arved Fuchs ließen hierfür ihre Abdrücke nehmen. Berühmte Ostfriesen wie die Komiker Otto Waalkes und Karl Dall sowieso. Auch Robert von Zeppelin, ein Nachkomme des Luftschiff-Erfinders, machte mit. Die Luftschiffe starteten im Ersten Weltkrieg von Wittmundhafen aus (siehe Seite 121).

Zwei- bis dreimal im Jahr setzt der Verein Hands of Fame e.V. neue Promi-Prints mit öffentlichem Tamtam ins Pflaster der Wittmunder Fußgängerzone. Der 2010 eingeweihte Bundespräsidentenplatz in der Kirchstraße/Ecke Drostenstraße ist das Herzstück der Meile, für die nahezu alle deutschen Bundespräsidenten ihre Hände in die Wittmunder Druckkissen gepresst haben. Vier der bereits verstorbenen Staatsoberhäupter ehren Gedenkplatten.

Die Abdrücke werden mit Gips gefüllt, in Tonplatten eingebracht und diese in der Ziegelmanufaktur in Neuschoo bei Wittmund gebrannt. Die Unterschriften, vom Original übertragen und in den Ton geritzt, kommen hinzu. Neben dem erklärenden Messingschild soll künftig auch ein QR-Code am Abdruck per Smartphone-App Auskünfte über die Prominenz geben. Wer seinen Händedruck gibt, unterstützt damit übrigens die erklärten Werte von Hands of Fame: internationale Gesinnung, Toleranz auf allen Gebieten der Kultur und Völkerverständigung.

Hands-of-Fame-Meile mit Bundespräsidentenplatz · Fußgängerzone/Marktplatz
26409 Wittmund · Verein Hands of Fame e.V. · www.hands-of-fame.de

KABEL

REICHEL
Musiker
1. 2. 2005

BLAUES WUNDER

66

»Etwas grün und blau schlagen« – diese Redewendung beschreibe nicht etwa, wie blaue Flecken an Armen und Beinen bunt schillern, ist Georg Stark von der Jever Blaudruckerei überzeugt. Vielmehr stamme sie von den Blaufärbern, die auf ihren Stoff einschlagen, um das Indigo schneller hervorzubringen.

Kunden konnten einst »ihr blaues Wunder erleben«, und das können Sie bei Georg Stark bis heute: dann nämlich, wenn er den gefärbten Stoff zunächst gelb-grün aus dem Färbebottich zieht und sich die Indigofarbe erst durch den Sauerstoff der Luft in intensiv dunkles, fast lilafarbenes Blau verwandelt. Beim Schlagen fächelt der Färber zusätzlich Luft auf den Stoff und beschleunigt das Abrakadabra.

Anschließend wäscht Stark die klebrige Masse, genannt Papp, aus und weiße Muster kommen überall dort zum Vorschein, wo die blaue Farbe durch diesen Papp nicht hingelangen konnte. Rund 600 Druckstöcke – eine Art überdimensionierte Stempel aus Birnbaumholz – sind Starks ganzer Stolz. Mit ihnen bringt er die Muster und Motive per Hand auf den Stoff. Die ältesten in seiner Sammlung stammen aus dem Barock. Jüngere Dekore sind zarter und zeigen zierliche Blümchen und feine Streifen. Sogar 20 schnörkellose Art-déco-Muster ergänzen Georg Starks Fundus. Seine Liebe zu dem alten, fast vergessenen Handwerk hat er vor 30 Jahren entdeckt. Er gründete die Werkstatt, fand alte Rezepte und erweckte die Tradition der ostfriesischen und norddeutschen Blaudruckereien wieder zum Leben. »Ich konnte noch zwei erfahrene Meister sprechen«, erzählt Stark.

Einen wahren Hype erlebten indische Stoffe und der Blaudruck im 17. Jahrhundert. Vor 100 Jahren dagegen »wollte niemand mehr etwas davon wissen«. Inzwischen steht die Blaudruck-Kunst als Immaterielles Kulturerbe auf der UNESCO-Liste. Georg Stark verleiht Tischwäsche und Kissen aus Leinen und Baumwolle einen besonderen Charakter, auch leichten Seidentüchern. Jeden Mittwoch können Sie ihm bei einer Vorführung zusehen.

Blaudruckerei Georg Stark · Mo–Fr 11–17 Uhr, Sa 10–14 Uhr · Vorführung: Mi 15 Uhr, Gruppen n. Vereinb. · Kattrepel 3 · 26441 Jever · Tel. 04461/71388 · www.blaudruckerei.de

67 DAS GEHEIMNIS DER HÄUPTLINGSTOCHTER

Ruhen tatsächlich die Gebeine von Edo Wiemken in der Gruft unter dem mächtigen Steinsarg in Jevers Stadtkirche? Oder doch die seiner Tochter Maria, der berühmten Regentin, die das Grabmal für ihren Vater errichten ließ? Ein Gentest mit Nachfahren ihrer Oldenburger Mutter soll neue Spuren aufzeigen.

Das prächtige Grab symbolisiert die Geschichte, weshalb Jeveraner keine Ostfriesen sind und sein wollen. Hätte Maria – wie es der ostfriesische Graf Edzard wollte – dessen Sohn Enno II. geheiratet, würde heute niemand betonen, dass Jever im Landkreis Friesland liegt.

Doch der ungestüme Grafensohn Enno und sein Bruder Johann werben alles andere als liebevoll um die Hand von Maria und ihrer Schwester Anna, die ihnen seit 1517 versprochen sind. Sie überfallen deren Burg und zweifeln das Erbrecht der Frauen auf die Herrschaft Jever an. Kurzum: Der junge Graf Enno verschmäht die gedemütigte Häuptlingstochter in der Annahme, es sei ein Leichtes, sich das Jeverland trotzdem unter den Nagel zu reißen. Dies ist *eine* überlieferte Wahrheit. Eine andere Fassung lautet: Maria hatte längst genug von den Spielchen ihres Bräutigams oder wollte ihn ohnehin niemals haben. Schließlich hatte sich schon ihr Vater, Häuptling Edo Wiemken, gegen die ostfriesischen Machtansprüche von Graf Edzard gewehrt. Auf keinen Fall will Maria klein beigeben und auf das väterliche Erbe verzichten. Sie regiert klug und milde, setzt Vaters Projekte fort, wie Eindeichungen, den Ausbau des Schlosses und der Stadt, gründet eine Lateinschule und ein Armenhaus. 1556 lässt sie eine neue Stadtkirche bauen und setzt darin 1561–64 ein Grabmal für ihren Vater, das als bedeutendes Beispiel europäischer Renaissancekunst gilt. Noch größer und prachtvoller soll es sein als das Grabmal für den Grafensohn Enno, Marias Herzensfeind, das dessen Witwe zuvor in Emden in Auftrag gab. Enno Cirksenas Grab wird von Weltkriegsbomben schwer beschädigt, während die Gedenkstätte in Jever im Laufe der Zeit mehrere Kirchenbrände übersteht.

Renaissance-Grabmal Edo Wiemken in der modernen Stadtkirche von Jever
Öffnungszeiten beim Pfarrbüro erfragen · Tel. 04461/93380 · Am Kirchplatz 28 · 26441 Jever

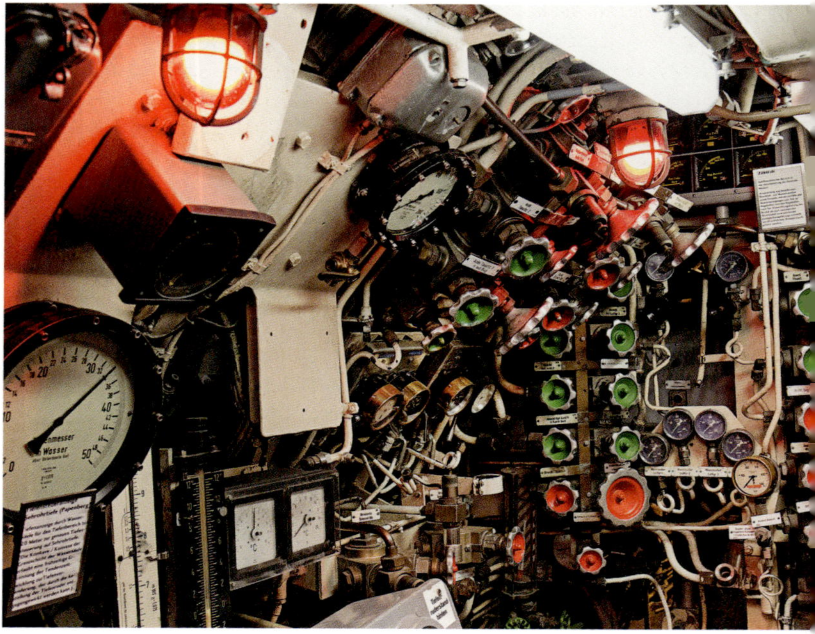

WILLKOMMEN IM BOOT!

68

Neun Eisenstufen führen hinab in die Enge – Beklemmung, Erschaudern und doch zugleich Faszination und ein Funken Abenteuerlust. Der Gang im U-Boot ist eben schulterbreit. Die Wände sind gespickt mit Drehverschlüssen für Ventile mit Schaltern und Knöpfen. Kein Zentimeter, der einfach nur Wand sein dürfte.

Die Vorräte für die 22 Mann Besatzung werden im gesamten U-Boot verstaut, vor allem vorne bei den acht Torpedorohren. Auch der Kommandant wohnt spartanisch: Seine Pritsche hinter einem Vorhang ist kaum einen halben Meter breit. Daneben steht ein schmaler Spind mit kleinem Brett, das er zum Schreiben über dem Fußende seiner Pritsche herunterklappt.

Besucher dürfen sich im »U 10« im Marinemuseum Wilhelmshaven an den Tiefenruderstand setzen und mit Blick auf die Anzeigen den Steuerknüppel umfassen. Sie können die zwei 12-Zylinder-Dieselmotoren plus Elektromotor in Augenschein nehmen und dazu den engen Gang durchqueren, der das fast 44 mal 5 Meter große Boot längs durchzieht. Sie inspizieren die Schnorchel-, Horch- und Entfernungsmessanlage und den winzigen Toilettenraum in dem U-Boot, das von November 1967 bis März 1993 in Dienst stand.

Auch der Zerstörer »Mölders« und das Minenjagdboot »Weilheim« gehören zur Museumsflotte, seit 2016 auch das Schnellboot S71 »Gepard«, mit 42 Knoten eines der schnellsten Boote in der Deutschen Marine. 17 Kapitäne befehligten den Zerstörer »Mölders« von 1969 bis 2003. In Video-Interviews erzählen Besatzungsmitglieder von dem Leben auf See. Um die Soldaten geht es auch in der Dauerausstellung über die Deutsche Marinegeschichte in drei Epochen: 1848 bis 1914, 1914 bis 1945 und 1945 bis heute. Es gibt Audioguides, Sonderausstellungen und Veranstaltungen sowie jeden Samstag ab 14 Uhr öffentliche Führungen mit wechselnden Schwerpunkten.

Im Außenbereich liegen zudem ein Küstentorpedo-Schnellboot, der Hafenschlepper »Langeness« und das Schulboot »Nordwind«. Von April bis Oktober startet die Barkasse zu einstündigen Hafenrundfahrten.

Deutsches Marinemuseum · April–Okt. tägl. 10–18 Uhr, Nov.–März tägl. 10–17 Uhr
Südstrand 125 · 26382 Wilhelmshaven · Tel 04421/40 08 40 · www.marinemuseum.de

69 ATELIER UNTER FREIEM HIMMEL

Inzwischen kommen die Künstler aus der ganzen Welt: Mexiko, Italien, Deutschland, auch aus Russland, Marokko, Frankreich, den USA, den Niederlanden, Japan, Großbritannien. So bunt wie die Nationen, so vielfältig sind auch ihre Kunstwerke, die sie am ersten August-Wochenende auf die Straße malen.

Viele Straßenmaler bewerben sich gleich schon fürs nächste Jahr, um wieder beim Street Art Festival Wilhelmshaven dabei zu sein. Doch sie müssen das Auswahlverfahren der städtischen Touristik und Freizeit GmbH genauso durchlaufen wie die neuen Bewerber. Dazu senden die Künstler Beispiele ihrer bisherigen Projekte. Was sie in Wilhelmshaven aufs Pflaster bringen, davon lassen sich die Veranstalter überraschen. Da sie kein Motto vorgeben, ist das für die aktuelle Auswahl nicht relevant, höchstens für die Entscheidung im darauffolgenden Jahr.

Viele Besucher belegen zum Kunst-Spektakel die Gästebetten der Stadt, wollen hautnah erleben, wie die metergroßen Pastellkreidebilder auf der Straße entstehen. Sie möchten den Künstlern bei ihrer Arbeit zusehen und die Energie spüren, die bei so viel geballter Schaffenskraft fließt. Rund 40 Künstler und kreative Teams gehen am Festival-Samstag in der Marktstraße ans Werk. Alle zusammen und doch jeder für sich in ihren offenen Straßenateliers. Am Tag darauf muss das Bild vollendet sein, dann küren Jury und Publikum ihre Favoriten. Nur das gigantische 3-D-Bild auf dem Valoisplatz wird schon in der Woche vorher vorbereitet. Hierfür bewerben sich Künstler mit einer konkreten Idee.

Seit der Premiere 2011 ist das Happening rasant gewachsen. Die Street Artists malen für Fahrgeld, Kost und Logis, ohne feste Gage. Dafür stehen an jedem Bild ein Hut oder eine Dose, in die die Betrachter Geld werfen als Zeichen ihrer Anerkennung. Im wechselnden Beiprogramm dürfen Kinder kreativ werden und Besucher auch mal das Bodypainting an weiß gekleideten Modellen probieren, während Profis die nackte Haut bemalen.

Internationales Street Art Festival Wilhelmshaven · erstes August-Wochenende
Marktstraße und Valoisplatz · 26382 Wilhelmshaven

40%
50%
50%

HEUTE
WILL ICH AKTIV SEIN!

Zum Meer

HKM

»FRÜHSTÜCK SUCHT GAST«

70

Es klingt ein bisschen nach Bullerbü: Kühe und Rinder, Pferde und Ponys, Schweine und Ferkel, Kaninchen, frei laufende Hühner, kleine Ziegen, Hunde und Katzen. Familie Lienemann schafft es auch in einem modernen, laufenden Betrieb, Kinder glücklich zu machen. Das wird auch Ihren Kindern nicht anders gehen.

Ihre Kleinen wollen die süßen Ziegen streicheln, mit zarten Kätzchen schmusen, beim Melken zusehen und auf Ponys reiten? Letzteres steht besonders bei den Mädchen hoch im Kurs. »Pferde und Mädchen, das gehört einfach zusammen«, weiß Lydia Päben, die Tochter des Hauses, die den Mädchen und natürlich auch den Jungen Reitunterricht gibt. Kinder und Jugendliche, die in der Gegend wohnen, sind genauso willkommen wie Urlauber. Manchmal stürmen ganze Schulklassen und Kindergartengruppen den Erlebnisbauernhof, auch Kinder, die ihren Geburtstag feiern wollen.

Auf dem Hof leben und arbeiten drei Generationen zusammen, allen voran Eckhard und Heike Lienemann, die für die Landwirtschaft zuständig sind. Sie sorgen dafür, dass die Kühe täglich gemolken werden – ihr Haupterwerb. Heike Lienemann kümmert sich außerdem um den kleinen Hofladen: Hier können Sie Eier, Kartoffeln, Marmelade, Honig, Leberwurst, gestrickte Socken und Jacken aus hauseigener Produktion oder aus der Region kaufen. Tochter und Schwiegersohn, Lydia und Marco Päben mit den Enkelkindern Hauke und Tomke stehen Lienemanns zur Seite.

Als ihre berufliche Vertretung, der Landwirtschaftliche Hauptverein, Betriebe suchte, die sich für Besucher öffnen, haben sie sich gemeldet und es nie bereut. Wie lebt und arbeitet man heute auf einem Bauernhof? Woher kommt die Milch? Lienemanns freuen sich, Sie an ihrer Arbeit und ihrem Leben teilhaben zu lassen, beispielsweise bei der Aktion »Frühstück sucht Gast«. Mehr und mehr Kleintiere und Ponys bevölkerten ihren Betrieb. Das Hoferlebnis mit verschiedenen Angeboten sowie die Reitstunden werden von Urlaubern wie Einheimischen aller Generationen gern angenommen.

Erlebnisbauernhof Lienemann · Kirchdorfer Straße 10 · 26632 Ihlow
Tel. 04941/107 08 · https://www.service-vom-hof.de

71 DAGEGEN IST EIN KRAUT GEWACHSEN

Sie haben Halsweh und Schnupfen oder sogar Nierenschmerzen und Entzündungen? Bereits die Germanen schätzten die Heilpflanze Gundermann, die oft als Unkraut verachtet wird. Ihre zarten lila Blüten und jungen Blätter empfehlen sich auch in der Küche: Sie geben Salat und Kräuterquark eine pikante Note.

Schon die Mystikerin Hildegard von Bingen erwähnt Gundermann in ihren Schriften, und auch im Garten der Klosterstätte Ihlow gebührt ihm ein fester Platz als Würz- und Heilkraut zwischen Kümmel, Kreuzkümmel, Anis, Liebstöckel und Hirschhornwegerich. Vier Themengärten haben Frauen des Vereins Klosterfreunde nach mittelalterlichen Quellen angelegt: den blühenden Mariengarten mit Rosen, Lilien und Marienblümchen, die die Tugenden der Jungfrau Maria symbolisieren; den Heilpflanzenbereich, den Gemüsegarten mit Artischocken, Pastinaken und Haferwurz sowie den Hexengarten, ebenfalls mit Kräutern, mit denen vor allem Frauen im Mittelalter Krankheiten linderten und heilten. Auch das Bilsenkraut wächst hier, das heilen, aber auch Halluzinationen hervorrufen kann. Es war damals ein Leichtes, Frauen mit Heilkünsten der Zauberei zu bezichtigen. Sie stünden mit dem Teufel im Bunde, hieß es. Manche wurden als Hexen verbrannt – wie im Winter 1543 im Ihlower Ortsteil Riepe. An ihr Schicksal erinnert der Hexengarten.

Sie finden den Klostergarten mitten im 350 Hektar großen Ihlower Forst, den Sie auf Rundwegen erkunden können: Lilientour (2 km), Greifentour (3 km), Löwentour (5,1 km) jeweils ab dem Parkplatz Klosterstätte, Rosentour (3,6 km ab Weißer Weg), Hirschtour (4,8 km ab Speckmannsweg).

Der naturnahe Mischwald mit Eichen und Buchen, Eschen und Erlen und der fürstlichen Lindenallee ist durch Aufforstungen seit der Gründung des Klosters (siehe Seite 77) 1228 bis ins Jahr 1890 an Fläche gewachsen. Die wechselvolle Geschichte und die Natur dieses Forstes machen die zertifizierten Klosterwaldfreunde bei Führungen für Jung und Alt zu einem Erlebnis.

Klostergarten ganzjährig kostenlos geöffnet · Hauptparkplatz Klosterstätte: Plaggefelder Straße · Ihlower Forst · Führungen für Kindergärten, Schüler, Erwachsene Tel. 0152/53 39 82 03 · www.klosterwaldfreunde.de

PACK DIE BADEHOSE EIN …

72

Der alte Schlager feiert ein Revival am Naturbad Tannenhausen: fröhliche Kinder, das Seeufer gesäumt von Büschen und Bäumen, Eltern auf Picknickdecken, die Kleinen buddeln am Strand, die Älteren strampeln mit Tretbooten. Andere vergnügen sich im frischen Nass.

Damit sich im Naturbad Tannenhausen alle wohlfühlen können, verlangt die Stadt Aurich bislang keinen Eintritt. Schwimmer und Nichtschwimmer, Planscher und Matsch-Kuchen-Bäcker – für sie alle ist am Badesee bestens gesorgt mit abgetrennten Bahnen im tiefen Wasser, dem flachen Babybereich und dem Becken zum Toben. Picknicker machen es sich auf der Uferwiese in der Sonne oder im Schatten der Bäume bequem; Luftanhalter dürfen zur versenkten Telefonzelle und zur unter Wasser liegenden, ausgedienten Kuppel einer Enercon-Windmühle hinabtauchen. Wenn die grüne Flagge weht, also während der regulären Öffnungszeiten, behalten wachsame Rettungsschwimmer alle im Auge. Schwimmflügel, Schwimmwesten, Bälle und Sandspielsachen können Sie am See ausleihen, außerdem Kanus, Tretboote und Stand-up-Paddelbretter. Es stehen sogar ein paar Umkleidekabinen, Spinde und Duschen bereit. Eis, Currywurst und Getränke gibt's gleich daneben im Bistro mit Blick aufs Wasser. Und haben Ihre Kleinen genug vom Planschen und Matschen, dürfen sie den Piratenspielplatz an Land entern. Eltern behalten ihre Kinder auf der familienfreundlichen und überschaubaren Anlage gut im Blick.

> Drehen Sie auf dem lauschigen See eine Runde mit dem eigenen oder gemieteten Kanu, Tretboot oder Stand-up-Paddle.

Wenn kein Badewetter herrscht oder einfach mal zwischendurch spazieren Sie vielleicht auf dem drei Kilometer langen Rundweg um den See oder laufen an die andere Seite hinüber zur coolen Strandbar, genehmigen sich einen Drink und beobachten die Akrobaten beim Wakeboarden und Wasserski (siehe Seite 140). Fiffi und Waldi dürfen gut hundert Meter weiter am Hundestrand toben. Am Familienbadestrand sind Hunde nicht erlaubt.

Naturbad Badesee Tannenhausen · 15. Mai–15. Sept. · außerhalb der niedersächsischen Sommerferien tägl. 12–18, in den Ferien tägl. 11–19 Uhr · Rundwanderweg tägl. 7–22 Uhr

73 BESTES BEACHFEELING

Die ersten drei Male ist sie über den Start nicht hinausgekommen und immer wieder ins Wasser geplatscht. Doch Ines Janßen hat nicht aufgegeben: Wann immer es geht, fährt sie an den See und greift zur Leine. Denn wer den Kniff beim Wakeboarden heraushat, erlebt das Gefühl, übers Wasser zu fliegen.

Der Muskelkater ist auch für Katja Hallmann längst passé. Arme, Beine, Rücken taten höllisch weh: »Vier Tage habe ich gejammert.« Jetzt genießt sie es nur noch. Längst lohnt sich ein eigener Neoprenanzug für sie als Stammgast mit Jahreskarte. Aber natürlich kann man auch Anzüge leihen und das Wakeboarden einfach mal ausprobieren.

Die etwa 30 Stundenkilometer, mit denen die Freizeitsportler über das Wasser düsen, werden in der Anlage reguliert. Brett unter die Füße schnallen, Leine am Griff fest packen und los. Neulinge nehmen die Runde am Umlaufseil erst einmal pur. Erfahrene schwenken mit galanten Luftsprüngen über die Hürden. Landratten bewundern, staunen, fiebern am Ufer mit. Sie können auf den trendigen Sesseln und Bänken, den Strandkörben und Liegen der Strandbar bei Cocktails, Snacks und Kaffee chillen und bekommen dazu bestes Beachfeeling geboten. »Das ist wie Urlaub«, sagt Ines Janßen, die aus Aurich herüberfährt. »Nicht nur Sport, sondern Lifestyle.«

Anfänger lernen Wakeboarden und Wasserski auf der Anlage in zweistündigen Einsteiger-Kursen. Beim Wakeboarden balancieren Sie, vom Seil gezogen, ähnlich wie ein Wellenreiter seitlich zur Fahrtrichtung auf einem Brett, beim Wasserski auf zwei Brettern geradeaus. Damit Ihnen dieses Kunststück gelingt, müssen Sie nicht nur fest entschlossen ziehen, sondern nahezu alle Muskeln Ihres Körper anspannen. Welche, das erklären Ihnen die Trainer am Übungslift und auf der großen Bahn. Auch Schulklassen sowie Frauen und Männer beim Junggesellenabschied, bei Geburtstags-, Firmen- und Vereinsfeiern können sich auf der Anlage austoben und dafür einen Lift mieten.

Wasserski- und Wakeboardlift North Bound · 1. Mai–Mitte Okt., Öffnungszeiten s. Webseite
Stürenburgweg 44 · 26607 Aurich-Tannenhausen · Tel. 04941/969 50 40
www.northboundaurich.de

BILLABONG

UNIT
NORTH
BOUND

HOCHMOOR AM EWIGEN MEER

74

Das wimperlose Auge des Hochmoores ist trübe, sauer und nährstoffarm. Nur wenige Wasserpflanzen und Tiere können darin überleben. Vor nicht allzu langer Zeit johlten hier die Kinder der umliegenden Dörfer beim Baden und Schlittschuhlaufen. Heute klappern die Schritte der Spaziergänger auf dem Holzbohlenweg.

Der Blick schweift weit über die Wasserfläche. Schilf wächst auf dem sauren Boden am Wassersaum nicht, was dem See den Spitznamen Wimperloses Auge einbrachte. Enten flattern auf. Als vor einigen Tausend Jahren hier Hochmoore zusammenwuchsen, sammelte sich überschüssiges Wasser und bildete das Ewige Meer, mit 91 Hektar Deutschlands größter Hochmoorsee. Insgesamt stehen im Gebiet »Ewiges Meer und Umgebung« 1180 Hektar unter Naturschutz. Trauerseeschwalbe, Libelle, Schwert-Schrecke und Kreuzotter fühlen sich hier wohl. Wie auch das Woll- und Pfeifengras, die Besen- und Glockenheide sowie der Sonnentau. Seit den 1980er-Jahren wird das Moor wieder vernässt.

Sahnige Ostfriesentorte mit Branntwein-Rosinen sowie Buchweizentorte genießen Sie im familienfreundlichen Café zum Ewigen Meer.

Wasserspeichernde Torfmoose haben das Hochmoor in rund 8000 Jahren wie einen Hefeteig über das übrige Land hinauswachsen lassen. Abgestorbene Torfmoose und andere Pflanzen bildeten im Inneren den Torf. Nachdem weite Moorflächen Ostfrieslands in den vergangenen Jahrhunderten entwässert, der Torf abgebaut und verheizt wurde, soll das Hochmoor am Ewigen Meer nun wieder wachsen und mit ihm die typische Tier- und Pflanzenwelt. Denn hier ist die verbliebene Torfschicht genügend dick, sind die Flächen nicht besiedelt und kultiviert, lernen Spaziergänger auf Tafeln am Rundwanderweg. Und: Anderenorts wird noch immer Torf industriell abgebaut, meist für den Gartenbau. Wenn Sie mithelfen wollen, die letzten Moore zu erhalten, sollten Sie lieber Kompost und Rindenhumus beim Pflanzen verwenden.

Café zum Ewigen Meer · Parkplatzstraße 3 · 26556 Eversmeer (auch Start des Rundwegs)
1. April–30. Sept. tägl. außer Di 10–18 (Ferien ohne Ruhetag), 1. Okt.–31. März Fr–So 13–17 Uhr
Tel. 04975/777 83 72 · www.cafe-zum-ewigen-meer.de

75 ENERGIEWENDE KINDERLEICHT

Hier werden Sie zum Experten für erneuerbare Energien. Sie müssen nur genügend Punkte sammeln. Wind, Wasser, Erde, Sonne – sie alle liefern Energie. Welche Kräfte dabei wirken, erfahren Jung und Alt im Energie Erlebnis Zentrum in Aurich. Die Stadt ist eine Hochburg moderner Windenergie. Was in der Politik zäh und schwierig scheint, präsentiert sich hier kinderleicht: die Energiewende. Was macht die Sonne zum Super-Kraftwerk am Himmel? Welche Pflanzen liefern wie viel Energie? Antworten für das Energie-Spiel finden Sie in jedem Themenblock der interaktiven Ausstellung. Sie beobachten Luftballons im Windlooping, erzeugen an der Wasser-Wippe Strom und dürfen Ihren eigenen Windpark bauen.

Ausstellung »Energie. Zukunft« im Energie-, Bildungs- und Erlebnis-Zentrum
tägl. 10–17 Uhr · Osterbusch 2 · 26607 Aurich · Tel. 04941/698460 · www.eez.aurich.de

76 TREFFPUNKT EICHE

Die Stadt Aurich und ihre vielseitige Umgebung eignen sich ideal für Fahrradtouren, am besten auf den drei ausgeschilderten Rundwegen: Nordroute, Süd- und Ostroute. Höhepunkt der 45 Kilometer langen Nordroute ist die 6-Megawatt-Windkraftanlage E-126 der Firma Enercon, die 4500 Vier-Personen-Haushalte mit Strom versorgen kann. Die Tour führt auch an den Großsteingräbern im Ortsteil Tannenhausen vorbei, einer ca. 5000 Jahre alten Megalith-Grabanlage, deren Besuchertafeln einen Einblick in die damalige Kultur erlauben (siehe S. 106).

Dort, wo sich Nord- und Ostroute im Wald treffen, kommen Sie an einer beachtlichen Eiche vorbei, die 800 Jahre alt sein soll. Die Ostroute passiert zudem das Energie-Erlebnis-Zentrum EEZ (siehe oben) und Richtung Ems-Jade-Kanal im Ortsteil Middels den Kräutergarten Krüderee.

Fahrradtouren · www.aurich-tourismus.de/freizeit-shopping/radfahren/aurich-rundtour

EEZ

LOGENPLATZ AM STRAND

77

Die jährliche Frischzellenkur bekommt dem Strand auf Wangerooge gut. Mit seinem feinen weißen Sand gilt er als einer der schönsten Strände der Ostfriesischen Inseln. Weil die Winterstürme jedes Jahr viele Tausend Kubikmeter ans andere Ende der Insel spülen, wird der Strand-Sand im Frühjahr wieder neu aufgefahren.

Die Schmalspurbahn kutschiert Sie vom Fähranleger durch die weiten Salzwiesen zum Dorf-Bahnhof der autofreien Insel. Aussteigen, und nur ein paar Hundert Meter vom Bahnhof entfernt stehen Sie schon mittendrin: An die modernen Cafés und Restaurants schließen sich die Dünen und der drei Kilometer lange, weiße Strand an. Von der kriegerischen Vergangenheit der »Festung« Wangerooge, deren Abwehrstellungen die gefährdeten Städte an Land verteidigen sollten, ist zum Glück nicht mehr viel geblieben. Wie ein Symbol steht das Café Pudding heute an einem ehemaligen Weltkriegsbunker in wirklich herausragender Lage: Von dem runden Dünenhügel aus können Sie heute friedlich bei Kaffee und Kuchen durch Panoramafenster aufs Wasser schauen – auch bei schlechtem Wetter ein idealer Logenplatz am Strand.

> Freuen Sie sich schon auf der Fähre auf einen gemütlichen Strandkorb. Während der Saison sollten Sie ihn aber vorher reservieren! (www.wangerooge)

In der ersten Reihe am Wasser stehen die Strandkörbe: Stecken Sie die Zehen in den weichen Sand, während die dicken Pötte aus aller Welt in Sichtweite vorbeiziehen auf ihrem Weg nach Wilhelmshaven, Cuxhaven und Hamburg! Eine der meist befahrenen Wasserstraßen der Welt führt dicht an dieser östlichsten und nördlichsten ostfriesischen Insel vorbei.

Klar, dass der Rundblick auch vom alten Leuchtturm grandios ist. Allerdings müssen Sie erst 149 Stufen bis zum ehemaligen Lampenraum hinaufstiefeln, um von der Galerie die Aussicht zu genießen. 15 Stufen darunter können sich Brautleute in der ehemaligen Wachstube des Leuchtturmwärters das Jawort geben und sind dann für manchen Sturm in der Ehe gerüstet.

Kurverwaltung Wangerooge · Obere Strandpromenade 3 · 26486 Wangerooge · Tel. 04469/990
www.wangerooge.de · Fähre ca. 90 Min. ab Harlesiel: www.siw-wangerooge.de

78 RETTENDE DÄCHER

Der Nordwestwind fegt über die Küste. Das Wasser im Dorf Spiekeroog steigt und steigt. Im Haus Nr. 6 rafft die Mutter das Notwendigste zusammen. Die Kinder schauen sie ängstlich an: »Kommt, meine Kleinen, schnell aufs Dach«, ruft sie. Noch heute sind sogenannte Schwimmdächer auf der Insel zu sehen.

Es erscheint als der letzte Ausweg in damaliger Zeit: Das Dach und die Decke des Hauses sind fest miteinander, aber nicht mit dem Mauerwerk verbunden. Wie ein zeltförmiges Rettungsfloß sollten Dach und Decke samt der Hausbewohner an die Küste treiben, wenn die Lehmmauern von der Flut hinweggespült würden. Doch die Familie hatte Glück: Ihr Haus Nr. 6 blieb stehen. Heute heißt es Huus Puppenstuv. Auch andere Gebäude auf Spiekeroog sind mit der rettenden Dachkonstruktion gebaut: die Inselkirche von 1696, die älteste Kirche der Ostfriesischen Inseln, das Alte Inselhaus, das Drifthuus und das Doppelhaus Norderloog 15/17.

Die Inseln wandern, denn Strömung und Sturm verlagern große Mengen Sand. Anders als auf Wangerooge blieb der Sockel von Spiekeroog jedoch über Jahrhunderte weitgehend stabil. Wenn Sie von der Fähre kommen, biegen Sie am Rathaus in den malerischen Ort unter alten Bäumen. Hier können Sie schlendern mit historischem Flair und der Erinnerung an die damals rauen Zeiten, auch wenn Volkskundler inzwischen bezweifeln, dass die Schwimmdächer tatsächlich für eine solch waghalsige Rettung konstruiert wurden.

Zugvögel aus aller Welt bevölkern vor allem den Süden und Ostteil der Insel von April bis Ende Juli. Die dortigen Salzwiesen und das vorgelagerte Watt gehören zu den wichtigsten Rast- und Brutplätzen der Ostfriesischen Inseln. Die weiten Dünen Spiekeroogs mit ihrem Pflanzenbewuchs bilden einen natürlichen Hochwasserschutz. Auf zahlreichen Wanderwegen durch die Schutzzonen sowie am Strand fühlt man sich der Natur ganz nahe. Die Insel ist autofrei und ohne Fahrradverleih. Entschleunigung im Schritttempo: Auf etlichen Wegen ist nur Spazierengehen und Wandern erlaubt.

Nordseebad Spiekeroog (Kurverwaltung, Fährbuchung) · Noorderpad 25 · 26474 Spiekeroog
Tel. 04976/919 31 01 · www.spiekeroog.de · Fähre ab Neuharlingersiel ca. 50 Min.

TROTTELLUMME AN BORD

79

Der Dünen- und Vogelwart übergibt dem Fährmann heute eine besondere Fracht. »Kannst du einen verletzten Vogel mitnehmen?« Aber klar. Die Trottellumme ist in einem Käfig abgeschirmt. Sie soll bei der Überfahrt nichts und niemanden sehen, um nicht durch Aufregung und Stress Schaden zu nehmen.

Vogelwart Florian Lemke hat das Tier auf Langeoog entdeckt. Zwar nicht erkennbar verletzt, aber stark benommen, vermutlich vom heftigen Sturm zwei Tage zuvor. Die markanten schwarz-weißen Vögel, die an Pinguine erinnern, gehen üblicherweise nicht auf der Insel an Land, auch wenn einige Ferienhäuser ihnen zu Ehren den Namen Trottellumme tragen. Zu den wenigen mitteleuropäischen Brutplätzen gehört die Steilküste auf Helgoland. Ziehen die Lummen zum Jagen hinaus auf See, kann man sie hin und wieder vor der Langeooger Küste sehen.

Dass ein entkräfteter oder verletzter Vogel zum Festland geschickt wird, damit er in der Vogelstation, einer Einrichtung der Seehundstation Norden-Norddeich, aufgepäppelt wird, komme »öfters mal vor«, sagt Lemke. Im Vogelwärterhaus des Nationalpark-Rangers, bei Führungen und Vorträgen erfährt man mehr über die Langeooger Vogelwelt. Auf Naturpfaden und Aussichtspunkten kann man See- und Watvögel erspähen.

Langeoog ist groß und lang gezogen genug, um die autofreie Insel auf vielfältige Weise zu erleben. Am besten gelingt Ihnen das mit dem Rad. An jeder Ecke können Sie Fahrräder leihen, natürlich auch den eigenen Drahtesel auf der Fähre mitnehmen. Das 35 Kilometer lange, gut ausgebaute Wegenetz nutzen auch Wanderer. Ohnehin genießen viele die Nordseeluft aktiv: Golfen, Reiten, Kite- und Windsurfen, Segeln, Drachen steigen lassen, Thalasso-Angebote wie Nordic Walking am Strand. Dieser ist 14 Kilometer lang – genug Platz, um sich zu begegnen oder aus dem Weg zu gehen. Gleiches gilt für den Ort: Abseits der Einkaufsmeile genießen Sie in den Nebenstraßen Ruhe.

Tourismus Service Langeoog · Hauptstr. 28 · 26465 Langeoog · Tel. 04972/6930
www.langeoog.de · Fähre: tideunabhängig mehrmals täglich zu festen Zeiten ab Bensersiel, Tickets im Fährhaus Bensersiel · Am Hafen 20a · Tel. 04971/92890

80 »DA BIST DU BALD RUM«

Wenn Kapitän André Süßmilch die Fähre bei ihrer ersten Fahrt am Morgen durch das enge Fahrwasser steuert, hat er oft nur wenige Handbreit Wasser unterm Kiel. Schließlich muss er die Stunden, in denen die Tide Überfahrten nach Baltrum erlaubt, nutzen. Zudem fordern Strömung und Wind volle Konzentration.

Der Schiffsjunge stellt das Tablett mit Tee auf den Tisch der Brücke, sobald Kapitän Süßmilch den Hafen verlassen und seine Gäste begrüßt hat. Bis er den Anlegehafen ins Visier nimmt, bleiben fünfzehn Minuten – Zeit für Tee mit Kluntje, unverrührt, mit einem Schuss Sahne, so wie es sich hier gehört. Kapitänskollege Egbert Behrends, der die nächste Schicht übernimmt, hat schon Bundespräsident Johannes Rau, Sänger Reinhard Mey und die Gruppe Torfrock übergesetzt. Doch auch Gäste ohne Promi-Faktor sind schnell auf der Insel bekannt. Baltrum ist die kleinste und dem Festland nächste Ostfriesische Insel: »Baltrum – da bist du bald rum«, heißt es. Tagesgäste können das zu Fuß zwischen zwei Fähren schaffen.

> Wandern Sie drei Stunden durchs weite Watt – am besten mit der Fähre hinfahren, Insel ansehen und mit dem Wattführer und matschtauglichen Schuhen zum Festland zurücklaufen.

Wer hier lebt, arbeitet oder urlaubt, liebt es genau so: klein, persönlich, familiär. Wie Anke Lüers. Nach zehn Jahren Arbeit als Pflegewirtin in Osnabrück hat sie drei Monate freigenommen, um auf Baltrum zu kellnern – wie vor 24 Jahren nach dem Abitur – auf der Suche nach diesem Damals-Gefühl. Auftanken mit der Energie aus dem Meer. Den Blick schärfen am weiten Horizont. Nach innen sehen und sich fragen: Soll es in diese Richtung weitergehen? »Hier merkt man, wie wenig man braucht, um glücklich zu sein«, sagt sie und reicht heißen Kakao mit Eierlikör über den Kiosk-Tresen.

Kapitän Behrends ist startklar zum Ablegen. Bald wird er auch die Gäste-Reitpferde mit aufs Festland nehmen. Nur die Speditions- und Müllwagen-Pferde harren im Winter mit den Einheimischen auf der autofreien Insel aus.

Kurverwaltung Baltrum · Westdorf 130 · 26579 Baltrum · Tel. 04939/80 28 · www.baltrum.de
Fähre ca. 30 Min. ab Neßmersiel, wechselnde Zeiten: www.baltrum-linie.de

MARIEN HÖHE

DES KÖNIGS LIEBLING

81

Königin Marie von Hannover soll es nicht ganz geheuer gewesen sein, sich den starken Armen der Schiffer anzuvertrauen, die sie von Bord tragen wollten. Doch vielleicht liebte das Königspaar kleine Abenteuer wie dieses, denn es kam gern wieder und machte so viel Werbung für das bald mondäne Norderney.

Bevor der Fähranleger im Jahr 1871 gebaut wurde, mussten die Schiffe im Fahrwasser vor Anker gehen. Passagiere stiegen dann in kleine Boote oder bei Niedrigwasser nochmals in Pferdewagen um und wurden an Land gebracht. Ein nicht immer einfaches und trockenes Unterfangen. Heute ist die Anreise bequemer und auf vielfache Weise möglich. Aber der Glanz des Königs ist Norderney geblieben und der Status als erstes deutsches Nordseebad, das bereits 1797 gegründet wurde. Seit König Georg V. von Hannover mit seiner Frau Marie samt Hofstaat Mitte des 19. Jahrhunderts hier die Sommer verbrachte, zog es eine Reihe von Berühmtheiten und Mitgliedern der angesehenen Gesellschaft auf die Insel. Zu Ehren des Dichters Heinrich Heine ließ Königin Marie sogar einen Pavillon auf der Marienhöhe errichten, in dem sie Kaffeestunden mit Literatur und Musik und die Aussicht aufs Meer genoss.

Die Norderneyer haben es geschafft, die Tradition mit Modernität zu verbinden. Noch heute können Sie das edle Flair im restaurierten Café-Pavillon Marienhöhe unmittelbar über dem Strand vom Frühstück bis zum Dinner erleben. Generell bietet die Insel eine Fülle von schicken Restaurants und In-Locations, wie das Surf-Café, die Weinlounge, Schirm- und Cocktailbars. Der Trend: modern und stylish mit reichlich Gelegenheit zum Genießen, Feiern, Sehen und Gesehenwerden. Zudem sind Norderney-Urlauber gern aktiv und können unter zahlreichen Angeboten wählen: Strand- und Wassersport, Reiten und Golf. Kino, Konzerte, Beachpartys, Festivals und andere große Events, Gesundheitskurse und Kinderanimation.

Autos und Motorräder sind auf Norderney erlaubt, in weiten Teilen der Stadt gilt jedoch in der Saison eine Verkehrssperre oder ein Nachtfahrverbot.

Tourist-Info · Am Kurplatz 1 · 26548 Norderney · Tel. 04932/891900 · www.norderney.de
Überfahrt 55 Min. ab Norddeich, tägl. mehrmals · Tel. 04931/9870 · www.reederei-frisia.de

82 INSEL MIT ÜBERLÄNGE

Die meisten Gäste kommen mit Gepäck auf die Insel. Viele Vermieter stellen ihren Besuchern daher am Fähranleger Handkarren für den Fußmarsch in den Ort bereit. Vielleicht erwartet Sie auch der Kofferträger Ihres Hotels oder eine der für Juist typischen Kutschen, in der Sie gleich mit einsteigen dürfen.

Nur selten erlaubt die Tide Hin- und Rückfahrt an einem Tag, sodass Tagesgäste selten sind. Juist ist die längste der Ostfriesischen Inseln. Doch Autos sind hier nicht erlaubt.

Für Ausflüge stehen Kutschen und Fahrräder bereit, die Sie zum Beispiel beim Fliegenden Holländer ausleihen können. Fahrradfeinmechaniker Aibo Extra – auf Juist aufgewachsen und nach Ausbildung und Studium gerne zurückgekehrt, um hier seine Existenz aufzubauen – repariert seine Verleih-Räder auch fachmännisch und sorgt so für Nachhaltigkeit.

Wie alle Ostfriesischen Inseln hat Juist viele treue Besucher, die sich Jahr um Jahr im angestammten Quartier einbuchen und beschwören, dass diese eine für sie die Allerschönste der Inseln ist. Denn jede von ihnen hat ihren ganz speziellen Charakter. Stattliche Häuser und Hotels sowie Kutschen versprühen im Zentrum von Juist Feine-Leute-Flair. Ein Ort zum entspannten Flanieren, Shoppen, Einkehren in Bars und Restaurants. Städtische Kultur und Natur mit Dünen und Strand halten angenehme Balance. Spaziergänge und Radtouren bei frischer Brise, Strandsegeln, Kinder-, Sport- und Gesundheitsprogramme, Konzerte und Ausstellungen bieten erholsame Abwechslung.

Juist ist 17 Kilometer lang, aber nur maximal 500 Meter breit. Der Strand liegt überall nah. An manchen Stellen können Sie zur einen Seite das Wattenmeer sehen, zur anderen die offene Nordsee sowie gleichzeitig den Hammersee. Diesen größten Süßwassersee der Ostfriesischen Inseln können Sie auf 3,5 Kilometern durch das Naturschutzgebiet umwandern.

Tourist-Info Juist im Rathaus · Strandstr. 5 · 26571 Juist · Tel. 04935/80 98 00
www.juist.de · Überfahrt ca. 90 Min. ab Norddeich (tideabhängig wechselnde Zeiten)
Fahrradvermietung und Reparatur · Der Fliegende Holländer · Wilhelmstr. 58
Tel. 04935/91 49 14 · www.fliegender-hollaender-juist.de/Fahrradvermietung

SUNDAZE
Gazelle

Zubringerdienst
Billstr - Siedlung - Loog
Seeburg
Haus Köbesine
Haus
Haus Heidi - An't Dünenkant
Nur für unsere Gäste
Telefon 252

Öffnungszeiten
geschlossen

WAL-VERWANDTSCHAFTEN

83

Das Jagdfieber und die Lust, das eisige Meer zu bezwingen, hat den Jungen früh gepackt. Mit zwölf Jahren darf er wohl erstmals mit seinem Vater zu den arktischen Fanggründen reisen und hält vor Spannung den Atem an, als der mächtige Rücken aus dem Wasser taucht. Der Anfang eines ruhmreichen Lebens.

Roelof Gerrits Meyer fiebert mit den Männern, die in knarrenden Holzruderbooten auf das Ungetüm zusteuern, ihre Harpunen schleudern, die Schwerter schwingen, bis der letzte Hauch Leben aus dem Grönlandwal entweicht. Auf ihn haben sie es abgesehen; er ist bis zu 18 Meter lang und 100 Tonnen schwer. Von ihren monatelangen Fahrten bringen die Walfänger reiche Beute zurück, wenn nicht das Packeis ihr Schiff zerquetscht und sie in den eisigen Fluten versinken oder der Skorbut sie dahinrafft. Die riesigen Tiere schwimmen so langsam, dass die Jäger mit Ruderbooten folgen können. Vor allem auf die dicke Speckschicht haben sie es abgesehen. Der Tran, den sie herauskochen, ist als Lampenöl sehr begehrt, genau wie das feine Öl, das sie aus den meterlangen Kinnladenknochen bohren.

Die Borkumer stellen im 18. Jahrhundert komplette Walfänger-Crews: Schiffsjungen, Steuerleute, Kochsmaat, Speckschneider, Harpuniere und Commandeure wie Roelof Gerrits Meyer, der schon als Junge Vater und Onkel begleitet. Im Jahr 1736 übernimmt er 24-jährig sein erstes Kommando über 40 Mann auf einem Walfangschiff. Ein halbes Jahrhundert lang fährt er Richtung Grönland, mit 74 Jahren zum letzten Mal. Er stirbt mit 85 Jahren auf Borkum und gilt bis heute als Held. Walknochen-Zäune, der Wal-Pfad, das Monument am Hauptstrand und das Heimatmuseum erinnern an jene Zeit.

Doch Sie können auch viel Gegenwart entdecken auf dieser größten und am weitesten seewärts gelegenen Ostfriesischen Insel: 26 Kilometer langen und vor allem breiten Nord-, Süd- und FKK-Strand, die Promenade mit Kliniken und Hotels, das Nationalparkschiff »Borkumriff«, Wattenmeer und Seehundbank, Kitesurfen und Strandzelte, Milchbuden, Bars und Restaurants.

Tourist-Info Borkum · Georg-Schütte-Platz 5 · 26757 Borkum · Tel. 04922/93 30 · www.borkum.de
gut zwei Std. Fährfahrt ab Emden, ca. eine Std. mit dem Katamaran · www.ag-ems.de

84 INSEL DER SELIGEN

Die Düfte, Farben und Formen hatten es ihm angetan: Graf Edzard Mauritz konnte von Blumen, Bäumen und Sträuchern gar nicht genug bekommen. Ganze Schiffsladungen mit Gehölzen soll er seinerzeit aus Amerika und anderswo für seinen neuen Schlosspark Lütetsburg georder haben, dazu exotische Blütenpracht aus Asien.

Edzard Mauritz, Reichsfreiherr und späterer Graf zu Inn- und Knyphausen, wünschte sich einen würdigen Park hinter seinem Schloss. Im Jahr 1790 ging er mit seinem ersten Parkmeister an die Arbeit und wandelte den vergreisten Barockgarten in einen natürlich anmutenden Englischen Landschaftspark um: Die »Insel der Seligen« entstand und der »Freundschaftstempel« mit einem Marmorrelief seines Freundes Johann Ludwig Ransleben aus Berlin, einem ebenso passionierten Verfechter der damals neuen Gartenkultur. Auch der »Altar der Gesundheit«, die »Nordische Kapelle«, stattliche Tulpenbäume, die vierstämmige Eiche, geschwungene Wasserläufe und romantische Brücken sind bis heute zu bewundern. Den Unico-Hügel, auch Manninga-Berg genannt, eine Anhöhe mit hübschem Ausblick, widmete der Graf seinem Vorfahren, dem Häuptling Unico Manninga (1529–1588). Dieser hatte die Lütetsburg zur prachtvollen Anlage ausbauen lassen. Seine Tochter Hyma heiratete Wilhelm zu Inn- und Knyphausen und erbte das Anwesen.

Lassen Sie sich Zeit für den fast 30 Hektar großen Park mit den 150 heimischen und exotischen Pflanzenarten. Ihre Kinder dürfen mit dem eigens entwickelten Audioguide auf Entdeckungsreise gehen und an 16 Stationen Pflanzen, Tiere und Geschichte(n) kennenlernen. Erwachsene führt ein Audioguide über 27 Stationen über das Gelände (Rollwagen erhältlich). Bei Führungen bekommen Sie zudem einige privat genutzte Bereiche zu sehen.

Nach dem schweren Bombenangriff 1943 und einem Brand erhielt das Schloss, in dem heute Graf Tido mit seiner Familie zu Hause ist, 1959 seine heutige Gestalt. In der Vorburg und Kulturscheune werden Konzerte, Lesungen und Ausstellungen veranstaltet.

Schlosspark Lütetsburg · Mai–Sept. 8–21, Okt.–April 10–17 Uhr · Café: ab April 12–18 Uhr
Parkshop: April–Okt. 10–18 Uhr · Landstr. 55 · 26524 Lütetsburg · www.schlosspark-luetetsburg.de

AUSGESPROCHEN FAMILIENFREUNDLICH

85

Sebastian stellt sich auf die Zehenspitzen und streckt den Arm so weit es geht. Gegenüber am Zaun reckt die schwarz-weiße Ziege den Hals so lang, dass ihre Barthaare zittern. Vorsichtig schnappen ihre Lippen nach dem Futter, das Sebastians Mutter zuvor am Eingang aus dem Automaten gezogen hat.

Im Gehege nebenan lümmelt sich Meister Langohr in Ich-mach's-mir-gemütlich-Pose. Das samtige Fünf-Kilo-Tier mit den übergroßen Schlappohren, ein Meißner-Widder-Kaninchen, lebt ebenso im Werdumer Haustierpark wie andere gefährdete Rassen: das dicke Orpington-Huhn, ostfriesische Milchschafe, ein Goldfasan und viele andere. Zum Park gehören zudem Kinderspielplatz und Streichelwiese, Ententeich und Schweinesuhle, Eselweide, Pfauengehege und Fitnessanlagen.

Haustierpark Werdum · Gastriege 35 · 26427 Werdum · April–Okt. 9–18 Uhr (Freigehege), Nov.–März 9–17 Uhr (Winterquartier) · bis 16 Jahre Eintritt frei · www.haustierpark-werdum.de

GESUND MIT KNEIPP

86

Schuhe und Strümpfe aus und hineinwaten ins sieben Grad kalte Nass. Wie wohl das tut! Wenn Monika Janßen Ihnen Deutschlands einzigartige Kneipphalle öffnet, achtet sie darauf, dass nicht mehr als acht Frauen und Männer zeitgleich das wadentiefe Wasser durchschreiten oder auf den Liegen entspannen. Eine Ruheoase – nur für Erwachsene.

Seit dem Bau des Indoor-Beckens im Jahr 2002 punktet die Gemeinde Werdum bei gesundheitsbewussten Besuchern mit der Heilwirkung des Wassers nach Kneipps ganzheitlicher Lehre. Frühaufsteher nutzen die Tau-Tret-Wiese nebenan am Haustierpark, andere den Kräutergarten, das Kneipp-Arm-Bad, den Barfußpfad oder Fitness-Parcours.

Im Haus des Gastes ist der Einlass zur Kneipphalle sowie zu Minigolf, Fahrradverleih, Fußball-TV, außerdem zu Kaffee, Kuchen und Snacks.

Kneipphalle · Öffnungszeiten s. Haus des Gastes · Gastriege 31 · 26427 Werdum ab 18 Jahren · freier Eintritt mit Nordsee-Service Card · www.haus-des-gastes-werdum.de

87 EINBLICKE IN DIE UNENDLICHKEIT

Machen Sie mit, fassen Sie an – egal ob mit spitzen Fingern oder vollem Körpereinsatz. Staunen, spüren und erleben. Das ist angesagt in der Phänomania. Und bestimmt werden Sie dabei einige unvermutete Entdeckungen machen.

Das Feuer lodert. Die Flamme steigt kerzengerade empor. Nein, es sind zwei Flammen. Dann drei. Sie wiegen sich wie arabische Bauchtänzerinnen. Umschlingen einander wie weiche seidene Tücher, die an ihrer Spitze zusammengeflochten erscheinen. Die Flamme ist heiß, oben etwa 800 bis 1000 Grad. Und doch kann man das metallische Sieb, das sie wie ein Rohr umschließt, mit bloßen Händen berühren. Marco Cramer stoppt die drehende Feuerschale. Sofort hören die Flammen auf zu tanzen. Der Mitarbeiter der Phänomania ist selbst immer wieder fasziniert von dem, was er den Besuchern vorführt: Die klingende Schale, die dabei so heftig vibriert, dass es sich wie ein kleiner Stromschlag anfühlt. Der Kopf ohne Körper auf dem Silbertablett. Der geteilte Spiegel, in dem Helmut und Traudl Maile lachend »nach 50 Ehejahren endlich zu einer Einheit verschmelzen«.

Senioren und Kinder lassen sich an den zahlreichen Stationen animieren, Familien, Männer und Frauen. Und wer meint, von Physik und Technik habe er schon zu Schulzeiten wenig kapiert, der wünscht sich jetzt, er hätte damals mit seiner Klasse die Phänomania besuchen können. Hier dürfen Sie anpacken, ausprobieren und entdecken: in den Riechbaum hineinschnuppern, auf den Regenrohr-Orgelpfeifen Musik machen, sich die Super-Seifenblase über den Körper ziehen, im Fingerlabyrinth den Ausgang ertasten, durch magische Guck-Löcher in die Unendlichkeit sehen, den denkenden Besen schwingen, verknotete Gabel und Löffel trennen und vor der Schwarz-Weiß-Platte das Gleichgewicht verlieren. Auf dem spielerischen Parcours können Sie, ganz nebenbei, eine Menge lernen. Die faszinierenden Phänomene erklären Schilder in Otto-Normalbürger-Sprache und die Mitarbeiter bei einer Führung.

Phänomania Carolinensiel · Bahnhof Carolinensiel 3 · 26434 Wangerland
15. März–31. Okt. tägl. 10–18 Uhr, Sonderöffnungszeiten während der Weihnachtsferien
Tel. 04464/94 24 94 · www.phaenomania-carolinensiel.de

WER WOHNT IM WATT?

88

Sie arbeiten gründlich: Bis zu 100 Wattwürmer pro Quadratmeter durchkauen das Watt etwa 30 Zentimeter tief. Auch Sandklaffmuscheln graben sich in den Schlick. Währenddessen eilen die Strandkrabben umher. Quallen lassen sich Zeit. Sie schweben schon 3500-mal länger durchs Meer, als der Mensch existiert.

Das vielfältige Leben im Watt erkennt man erst bei genauem Hinsehen. Es ist einzigartig, weshalb der Nationalpark Niedersächsisches Wattenmeer, gegründet 1986, seit einigen Jahren zum Weltnaturerbe Wattenmeer gehört. Es erstreckt sich an der Nordseeküste von den Niederlanden bis nach Dänemark. 3450 Quadratkilometer davon umfasst der niedersächsische Nationalpark zwischen Dollart und Elbmündung, einschließlich weiter Küsten- und Meeresgebiete sowie Teilen der Ostfriesischen Inseln. Seine Ströme, Priele und Wattflächen, Sand- und Muschelbänke, Seegras- und Salzwiesen, Strände und Dünen sind Heimat für mehr als 10 000 Tier- und Pflanzenarten. Jedes Jahr rasten zudem bis zu zwölf Millionen Vögel im nahrungsreichen Wattenmeer auf ihrer Reise von den Brutgebieten in Sibirien, Skandinavien und Kanada zu ihren Winterquartieren in Westeuropa und Afrika.

Das Nationalpark-Haus Carolinensiel ist eines von 18 Info- und Bildungseinrichtungen zum Thema Wattenmeer an der niedersächsischen Küste. In seiner leicht verständlichen und dabei detaillierten Ausstellung zeigt es auch, wie dem Wattenmeer im Laufe von rund 350 Jahren eine ganze Bucht abgerungen wurde, um fruchtbares Marschland zu gewinnen und sich gegen den »Blanken Hans« zu schützen: die Harlebucht mit Carolinensiel und Harlesiel. Das Nationalpark-Haus arbeitet hier eng mit dem Sielhafenmuseum (siehe Seite 101) zusammen. Sie können hier aber auch ein Erlebnis mit Wind um die Nase buchen, denn das Haus organisiert Spaziergänge im Watt, Wanderungen zur Muschelbank und in den Sonnenuntergang oder durch bauchtiefe Priele nach Spiekeroog sowie Kutterfahrten mit Schaufischen nach Wangerooge, Spiekeroog und zu den Seehunden.

Nationalpark-Haus Carolinensiel · Mo–Fr 11–17, Sa, So 13–17 Uhr · Pumphusen 3
26409 Carolinensiel · Tel. 04464/84 03· www.nationalparkhaus-wattenmeer.de/carolinensiel

89 EINE KREUZUNG FÜR DIE SCHIFFFAHRT

Herantuckern, hinaufgeschwemmt werden, wenden und weiterfahren: Diese Kreuzung funktioniert ohne Ampeln und Schilder. Radfahrer radeln entspannt am Rande des Kreisverkehrs entlang und dürfen sich Zeit lassen. Denn zu sehen gibt es an der Kesselschleuse genug.

Auf Autofahrer mussten die Erbauer dieser Kreuzung vor rund 130 Jahren keine Rücksicht nehmen. Bis heute ist für sie keine Spur, ja nicht einmal ein unmittelbar angrenzender Parkplatz vorgesehen. Wer hierher will, kommt mit dem Boot, dem Fahrrad oder zu Fuß.

Vier Fahrwasser führen sternförmig auf die Kesselschleuse zu: Ems-Jade-Kanal, Emder Stadtgraben, Fehntjer Tief und Emder Hafen. Freizeitskipper, Paddler, Ausflugsschiffe und Frachter aus allen vier Himmelsrichtungen müssen hier durch, um in eine der drei anderen Direkti-

onen weiterzufahren. Da der Wasserstand in Ost-West-Richtung deutlich höher liegt, sorgen vier Schleusenkammern dafür, die Unterschiede zu überwinden. Der kreisrunde Kessel mit 33 Meter Durchmesser in der Mitte bietet Raum, die Schiffe zu wenden – so ein Bauwerk werden Sie in Europa kein zweites Mal finden.

Die Kesselschleuse wurde 1887 während der Bauzeit des Ems-Jade-Kanals eröffnet. Dieser sollte als strategische Verbindung die Versorgung im Belagerungsfall sicherstellen und dem Binnenland wirtschaftlichen Aufschwung bringen. Als Hauptvorfluter für Zentralostfriesland entwässert er bis heute mehr als 6000 Hektar Land zur Jade hin und 12 000 Hektar Land zur Ems, woran die Kesselschleuse einen wichtigen Anteil hat. Schon bevor der Kanal gebaut wurde, bestand zwischen Emden und dem Hinterland reger Schiffsverkehr: Torf aus den südlichen Fehngebieten und Landwirtschaftsgüter aus nördlicher Richtung sowie Lebensmittel und Baustoffe aus Emden gelangten auf damals wasserspiegelgleichen Wegen hin und her. Damit dieser Handel nach dem Kanalbau weiter florierte, konstruierte man die aufwendige Schleuse. Sie wurde 1982 bis 1989 von Grund auf saniert.

Kesselschleuse · am Ems-Jade-Kanal-Radweg · 26725 Emden
Schleusungen: Mitte Mai–Mitte Sept. tägl. 8–12.30 Uhr und 13.30–17.30 Uhr, Nebensaison kürzer · Tel. 04921/242 39

90 RADTOUR ZUM TRÄUMEN

Was hat der Mond mit der ersten Reise nagelneuer Traumschiffe zu tun? Dass die Nacht unsere Träume beflügelt. Und dass die beleuchteten Riesen bei Mondschein auf der Ems noch romantischer erscheinen. Außerdem hilft die richtige Mondphase dabei, die Mega-Schiffe auf den Weg zu bringen.

Der Rhythmus des Mondes, der jeden Tag 50 Minuten später als am Vortag am Himmel aufsteigt, bestimmt exakt die Gezeiten – den Wechsel zwischen Ebbe und Flut. Dies erklärt die Infotafel am Emssperrwerk, der Station 6 des Kreuzfahrtweges. Um die riesigen Kreuzfahrtschiffe auf der Ems gen Nordsee zu überführen, werden die Fluttore des Sperrwerkes geschlossen und das Wasser des Flusses aufgestaut. Nur dann können die Kreuzfahrtschiffe mit ihrem großen Tiefgang von der Meyer Werft in Papenburg zum Seehafen Emden gebracht werden. Ökologisch ist das sehr umstritten. Dennoch

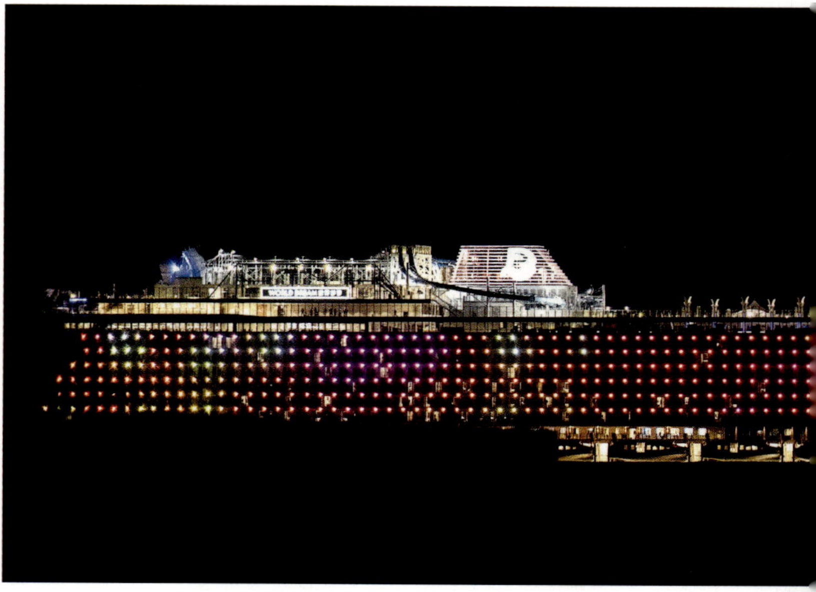

bevölkern zu dem Spektakel Tausende begeisterter Seh-Leute den Deich, während sich der Koloss Meter für Meter, mit dem Heck voran und von zwei Schleppern vorn und achtern manövriert, stromabwärts schiebt – die 40 Kilometer in zehn Stunden. In Zeitlupe zirkelt das Gespann auch durch die Klappbrücke in Leer – eine der größten Westeuropas. Ein Teil der alten Friesenbrücke in Weener musste sogar jedes Mal herausgehievt werden. Seit ein Frachter im Dezember 2015 die Brücke heftig rammte, bleibt diese Durchfahrt frei.

Erleben Sie bei einer Führung in der Meyer Werft, wie dort Luxusliner der weltweit größten Reedereien entstehen.

Seit Herbst 2010 können Sie auf dem Kreuzfahrtweg radeln, auch wenn kein Traumschiff vorbeikommt. Die gut beschilderte Strecke östlich und westlich der Ems passiert zehn Stationen, an denen Sie erfahren, warum das Schiff rückwärts fährt, wie die Kräfte des Mondes wirken und wie weit die Ozeanriesen eine Windmühle an Höhe übertreffen. An der Leeraner Brücke, der Fähre Ditzum-Petkum und einer Fähre bei Weener können Sie die Ems überqueren. Mehr als 30 Schiffsstahl-Silhouetten der Meyer-Traumschiffe im Maßstab 1:200, versehen mit Namen und Daten, säumen den Weg.

Kreuzfahrtweg · Der knapp 100 Kilometer lange Radwanderweg von der Dockschleuse Papenburg bis Emden führt überwiegend hinter dem Emsdeich entlang · Werftführung: www.meyerwerft.de

91 DIE LEISEN TÖNE DES WALDES

Auf einem liegenden Baumstamm balancieren, den Wind auf der Haut spüren, dem Rascheln der Blätter lauschen, den Fasan kennenlernen, Waldkauz und Buntspecht. Im jungen Stadtwald Emden können Sie und Ihre Familie dem lauten und schnelllebigen Alltag entfliehen und wieder lernen, auf die leisen Töne zu hören.

Klettern, verstecken, entdecken – ein Wald bietet viele Möglichkeiten, sich auszutoben und die Sinne zu schärfen. Das weiche Moos fühlen und den rauen Tannenzapfen, den harzigen Ast riechen und die nasse Erde: All das kommt im modernen Alltag mit Lärm, Hektik und einer Flut von Medienreizen oft zu kurz. Und so wirkt ein Ausflug in den Wald beruhigend auf die Seele und das innere Gleichgewicht; ein großes Anliegen der Verantwortlichen im Ökowerk Emden. Sie haben diesen Stadtwald als vielfältigen Mischwald gestaltet, um darin Lebensraum für viele Tiere und Pflanzen zu schaffen, um zum Klimaschutz beizutragen und dafür zu sorgen, dass Jung und Alt die zahlreichen kleinen, faszinierenden Schauspiele der Natur erleben und wieder neu kennenlernen können, wenn sie einen quirligen Ameisenhaufen betrachten, den Vögeln zuhören, fallende Herbstblätter auffangen …

Mit einem Info- und Erlebnisprojekt sollen Spaziergänger, Radfahrer und vor allem Familien auf den noch jungen, insgesamt 70 Hektar großen Emder Stadtwald aufmerksam werden und sich eingeladen fühlen, einen Ausflug dorthin zu machen. Stoßen Sie doch auf dem Entdeckungspfad über zehn Kennlern-Stationen bis zum Waldlabyrinth vor! Unterwegs dürfen Sie u.a. einen Sandberg erklimmen, auf dem Tümpelpfad und im Düsterwald laufen.

Das Ökowerk, seit 2008 als Bürgerstiftung geführt, versteht sich als Bildungszentrum für nachhaltige Entwicklung, als grünes Klassenzimmer für Schulen und Kindergärten. Es arrangiert Veranstaltungen und Projekte wie das Früchtefest, den Bürgermarkt, einen friesischen Apfelgarten, das nordische Apfelbuch und es betreut den Stadtwald. Zudem bietet das Ökowerk Emden Führungen auf dem eigenen, sieben Hektar großen Gelände an.

Ökowerk Emden · Mo–Do 7–15.30, Fr 7–12.30 (ganzes Jahr), Feiertage und Brückentage geschl.
Kaierweg 40 a · 26725 Emden · Tel. 04921/95 40 24 · www.oekowerk-emden.de

Zum
Buntspecht

F

FÄHRMANN, HOL ÖVER!

92

Die Stelle, an der Leda und Jümme zusammenfließen, ist lauschig. Beide Flussläufe sind natürlich geschwungen und von Schilf gesäumt. Früher setzten hier die Menschen mit Pferden und Ochsen über. Heute haben sie ihre Drahtesel dabei. Oder gleich mehrere Pferdestärken auf zwei oder vier Rädern.

Die Pünte ist die älteste handbetriebene Wagenfähre Nordeuropas. Bereits 1562 haben Fahrgäste damit die Jümme überquert – mit Pferdefuhrwerken, Rindern, mit Handkarren und zu Fuß. Die Fähre und ein Fährhaus bei Wiltshausen waren damals Teil des Lüdewegs, einer Verbindung zwischen dem Bischofssitz Münster und der Hafenstadt Emden. Heute ist die Überfahrt ein Highlight für Radfahrer auf der Deutschen Fehnroute, dem 173 Kilometer langen Radwanderrundweg durch die Weser-Ems-Region. Auch Autos, Trecker und Wohnmobile werden mit der Pünte übergesetzt, solange sie 1,80 Meter Breite und zwei Tonnen Gewicht nicht überschreiten.

Der Tidenhub, also der Unterschied zwischen Hoch- und Niedrigwasser, ist an der Einmündung der Jümme in die Leda mit etwa einem Meter beachtlich, obwohl die Nordsee in einiger Entfernung liegt. Die beiden Fährmänner müssen also die Strömung für sich nutzen: Sie wuchten das schwere, stählerne Seil, an dem die Fähre gezogen wird, jeweils auf die Seite der Fähre, auf die bei Ebbe und andersherum bei Flut das Wasser drückt. Dort wird das Stahlseil über zwei große Rollen geführt. Mit starken Klemmhölzern, die sie versetzt in das Seil einhängen, ziehen die Männer die Fähre ans andere Ufer.

Was für ein Spektakel mit Gottesdienst und Volksfeststimmung, wenn der Püntenverein am 1. Mai die Saison feierlich eröffnet! Der Termin bietet die beste Gelegenheit für Bollerwagenzieher, Rad-, Auto- und Motorradfahrer, den Feiertagsausflug mit einem Päuschen und der Fährfahrt zu verbinden. Riesenandrang herrscht auch beim Zwölf-Kilometer-Püntenmarsch der Bundeswehr im Sommer. Dann setzen mehr als 300 Soldaten der Kaserne in Leer und Hunderte private Wanderer und Familien ebenfalls hier über.

Pünte Wiltshausen · handbetriebene Binnenfähre · Amdorfer Str. 101
26847 Leer (Ortsteil Wiltshausen) · Fährzeiten 1. Mai–3. Okt. Mi–So 10–17.45 Uhr

93 LAND UNTER AM DEICH

Die Kinder freuen sich, wenn der Westwind das Wasser in die Ems drückt und die hölzernen Sieltore sich tagelang nicht öffnen. Dann staut sich der Regen auf den Wiesen hinter dem Deich. Kommt schließlich der Frost, sausen Mädchen und Jungen mit ihren Schlittschuhen über das Eis. Wintervergnügen in alter Zeit.

Seit den 1960er-Jahren arbeiten die starken Pumpen der drei großen Schöpfwerke den ganzen Winter über Tag und Nacht. Sie haben anstelle der alten Siele die Entwässerung übernommen. Alle drei – Mark, Coldemüntje und Kloster Muhde – liegen im Abstand von nur sechs Kilometern und gehören zur Gemeinde Westoverledingen. Allein das Schöpfwerk Mark kann 8000 Liter pro Sekunde in die Ems hinausstoßen. Die Dörfer entlang von Ems und Leda zählen zu den ältesten Siedlungen im südlichen Ostfriesland. Der fruchtbare Marschboden machte die Mühe wert, den Kampf gegen die Fluten aufzunehmen. Das massive Weekeborger Gewölbesiel entstand 1875. Es entwässerte die Ebene auf Ihrhover Gebiet: Bei Ebbe drückte das Wasser aus dem Binnenland gegen die Sieltore, öffnete sie und floss in die Ems. Bei Flut funktionierte es andersherum – die Sieltore schlossen sich. Auch kleinere Schiffe konnten hier durch den Deich gelangen. Im Winter, Frühjahr und Herbst allerdings ließ der scharfe Westwind das Wasser der Ems auch bei Ebbe oft nicht genügend absinken. So blieben die alten Sieltore tagelang geschlossen: Land unter auf den Wiesen hinterm Deich. Ein Holzsteg führt heute in das imposante historische Siel hinein – durch die Holztore und das Gewölbe aus Ziegelsteinen. Die Gemeinde hat diesen Abschnitt des alten Deichs als Museumsdeich erhalten. Der neue Emsdeich einige Hundert Meter davor ist seit der Sturmflut 1962 begradigt und auf 7,20 Meter erhöht. Das Weekeborger Siel ist die achte Station auf dem 23 Kilometer langen Radwanderweg »Straße der Wasserbauwerke«.

Bewundern Sie die in zarten Pastelltönen leuchtenden Stockrosen an den Mauern vieler restaurierter Häuser im nahen Driever.

Weekeborger Gewölbesiel am Emsdeich · Klosterstraße · Driever in 26810 Westoverledingen

EIN MANN, EIN MOOR

94

Es ist sein Lebensprojekt: Johann Gerdes hat dafür gekämpft – und gewonnen. Nur für die Birkhühner kam die Entscheidung zu spät. Sie haben das lange Tauziehen um die Abtorfung im Stapeler Moor nicht überlebt. Aber viele andere Tiere fanden hier neue Brutplätze.

Es wird 5000 Jahre dauern, bis das, was der Mensch in 50 Jahren aus dem Moor herausgeholt hat, nachgewachsen ist. Jedes Jahr entsteht ein Millimeter neuer Torf im Stapeler Moor auf immerhin 800 Hektar Fläche, die dort wiedervernässt werden. Wie das genau funktioniert, erfahren Spaziergänger auf dem 1,6 Kilometer langen Moorerlebnispfad, über den Landschaftswart Johann Gerdes auch gern Besuchergruppen führt. Das Gebiet ist mithilfe von Dämmen wie ein Schachbrett in jeweils 7500 Quadratmeter große Flächen unterteilt. Dort wird Regenwasser gestaut, sodass Torfmoose und Wollgras vom Rand her hineinwachsen können. Sterben diese Pflanzen ab, bilden sie Torf. Das funktioniert nur, weil am Grund genügend restlicher Torf vom Abbau verschont geblieben ist und nun, wie eine Plane, das Regenwasser halten kann. »Es war fünf vor zwölf«, sagt Gerdes, »um das Moor überhaupt noch retten zu können.« Ansonsten wäre es heute wohl eine riesige Landwirtschaftsfläche, bebaut mit Mais, vermutet Gerdes. Stattdessen brüten im jetzigen Naturschutzgebiet nun Kraniche, Rotschenkel, Große Brachvögel, Sumpfohreulen, Greifvögel wie Weihen, Grau- und Nilgänse und Enten – Bodenbrüter, die dafür eine offene, baumlose Moorlandschaft brauchen.

Die tiefe Schwarztorfschicht wurde von 1936 bis 1964 im Dampfturbinenkraftwerk Wiesmoor verbrannt, ab 1968 der Weißtorf als Blumenerde oft nach Belgien und Holland verkauft. Mit seinem massiven Kampf als Kreistagspolitiker gegen den Raubbau brachte Gerdes viele gegen sich auf. 1989 wurde der Abbau gestoppt. Nach den Natur-Führungen bewirtet seine Frau heute Gäste in ihrem originellen Garten- und Jagdzimmer-Café. Den Bären und die anderen ausgestopften Tiere dort hat Gerdes selbst geschossen.

Moorpfad Stapeler Moor · Start Parkplatz Lange Straße (etwa halbe Strecke)
Lüttje Café am Hahnenmoor · Ringstr. 9 · 26670 Uplengen-Stapel
Tel. Moorführung und Café 04956/91 29 76 · www.zum-hahnenmoor.de

95 FIT ZU WASSER UND ZU LANDE

Sonnencreme, Regenjacke, Helm, Proviant, Getränke und los geht's! Zack, da verabreicht einem der Vordermann beim Eintauchen des Paddels gleich eine unfreiwillige Dusche. Zum Glück hält die Schwimmweste trocken. Und die letzten nassen Fasern trocknet die Radtour, die auf das Paddelvergnügen folgt.

Vorsichtige Naturen packen für den Fall der Fälle doch lieber einen Satz Wechselklamotten ein, die man an der Station beim Start zur anschließenden Fahrradtour überziehen kann. Rund 20 Stationen umspannt das Netz von Paddel und Pedal auf der ostfriesischen Halbinsel. Dort besteigt man das Kanu, bekommt das Lenken, Antreiben und Bremsen mit dem Paddel erklärt, paddelt zur nächsten Station, wo die eigenen oder geliehene Fahrräder für die weitere Radtour oder Rückfahrt schon warten – Natur, Entspannung, Fitness zu Wasser und zu Land. Rund 300 Kilometer auf Kanälen, Flüssen und Seen dürfen mit insgesamt 330 Booten erkundet werden. Es gibt Ein- und Zweisitzer, Dreier und Vierer sowie Zehner, in denen Schulkinder, Geburtstagsgäste oder Firmenkollegen ihren Teamgeist beweisen können. Sogar Hunde dürfen einsteigen. Wenn Sie bei der sonntäglichen Radtour spontan ein Stück paddeln wollen, können Sie Glück haben – sicherer ist es aber, vorher zu mailen oder an den Stationen anzurufen. Dort gibt es zudem Auskunft über die Tide, auch abseits der Küste ein nicht unwichtiger Aspekt, denn Jümme und Leda fließen über die Ems in die Nordsee. Ratsam also, mit der Tideströmung zu paddeln und nicht dagegen.

Bei mehrtägigen Touren rollen Sie in Tipis oder Hütten ganz nah am Wasser die Schlafsäcke aus.

Jede Station bietet Vorschläge für Hin- und Rücktouren oder Rundfahrten per Kanu und Rad. Der Kombi-Tour-Preis schließt Leihgebühr oder Transfer für das Fahrrad und Kanu-Miete ein. Natürlich dürfen Sie auch einfach der eigenen Nase nach fahren. Kinderräder und Helme stehen zur Verfügung, an manchen Wechselstellen auch E-Bikes.

Paddel und Pedal · April–Okt., an einigen Stationen auch länger
Zentrale: Ledastraße 10 · 26789 Leer · Tel. 0491/91 96 96 30 · www.paddelundpedal.de

Aurich 28,4 km
Amerika 1,0 km
2125B.1
Friedeburg
2125B.2
Tour de Fries
Knotenpunkt
6
Friede-burg
Rußland
Müggenbach
Amerika
Heidhörn
Hesel

Rußlandweg
Mickenbarger Weg

RADELN NACH ZAHLEN

96

Man wähle 1-6-3-7, und schon ist man von Russland nach Amerika gelangt. Auf den Spuren der Geschichte dauert es länger: 25-27-43-17-23-29-22-25. Das faszinierend einfache Prinzip haben belgische Bergarbeiter entwickelt. Sie fanden damit unter Tage ihren sicheren Weg durch die Schächte.

Heute legen Radfahrer bei hellem Sonnenschein ihre Strecke von Knotenpunkt zu Knotenpunkt zurück, frei nach dem Motto Radeln nach Zahlen. Nach dem Erfolg auf der Moorroute ist inzwischen das gesamte Radwegenetz im Gebiet Friedeburg und Moormerland mit dem Knotenpunktsystem beschildert. Das grüne Schild mit weißer Schrift benennt jeweils den aktuellen Standort. Die weißen Schilder mit grüner Schrift und Pfeilen besagen: Dies sind die nächstfolgenden Knotenpunkte links, rechts und geradeaus. Ein Kartenausschnitt an jedem Standort hilft zusätzlich, sich zu orientieren.

Auch auf den Themenrouten der Touristikbüros folgen Radwanderer einfach den Zahlen, z.B. auf der Wieken-Route (27 km), Sperrwerk-Route (29 km), »Kultur entdecken« (24 km) und »Wasser, Wald und Weite« (25 km). Dagegen verbinden Mehrtagesstrecken wie die Moorroute (100 km) und die Radwander-Aktion »Van Dörp to Dörp« nach dem gleichen Prinzip verschiedene Regionen miteinander. Immer mehr Gegenden Ostfrieslands übernehmen die Knotenpunkte für ihr Radwegenetz. Wer sich die Nummernfolge der gewählten Tour vor dem Start auf einem Zettel notiert, fährt doppelt sicher.

Und wieso geht's in Friedeburg von Russland nach Amerika? In dem Ortsteil, der heute Russland heißt, wohnte vor mehr als 100 Jahren ein Bauer auf kargem Land. Sein raues Benehmen brachte ihm den Spitznamen »Russe« ein. Auch die ehemalige Kolonie »Amerika« im Ortsteil Heselerfeld konnten Kolonisten nur mit Mühe urbar machen. Es wird erzählt, dass Siedler, denen es nicht möglich war, in ihr Traumland auszuwandern, im 19. Jahrhundert hier ihr eigenes ostfriesisches Amerika gründeten.

Radeln und Wandern nach Knotenpunkten · Routenvorschläge, Karten
Infos: Tourist-Info Friedeburg · Hauptstr. 60 · 26446 Friedeburg
Tel. 04465/1414 · www.friedeburg.de

97 HIER HABEN KINDER VORFAHRT

Eine Stadt im Dorf, genauer eine Kinderstadt in einer ehemaligen Kaserne. Anders als so oft passen diese Stadt und die Kinder gut zusammen. Hier gibt es keinen Autoverkehr. Stattdessen besteigt man Autoscooter, Achterbahn, Schiffsschaukeln und den Fliegenden Teppich, um in Fahrt zu kommen.

In der Nordsee-Spielstadt haben Kinder immer Vorfahrt. Jungen und Mädchen von drei bis zwölf Jahren dürfen sich hier nach Herzenslust austoben. Dabei geht es nicht darum, möglichst schnell unterwegs zu sein: Beim Kletterhangeln gilt es vielmehr, Muskelkraft und Ehrgeiz unter Beweis zu stellen, auf dem Hüpfkissen Ausdauer und Kondition auszuprobieren, an den Spielgeräten die Geschicklichkeit zu trainieren. Und vor allem steht im Mittelpunkt, viel Spaß zu haben.

Schmuddelwetter oder Sonnenschein – in der Nordsee-Spielstadt Wangerland gibt es auf 5000 Quadratmetern innen sowie außen mit Spielplatz und Streichelzoo viel Gelegenheit zum Spielen und Springen, Fahren und Rutschen, Drehen und Schweben. Dafür bieten sich 20 Kinderfahrgeschäfte, Geräte und Aktivitäten an. Im Preis enthalten sind Getränke, Pommes und Eis.

Die Spielstadt ist Teil der Hotel- und Freizeitanlage Dorf Wangerland, die von Gästen der Anlage oder völlig unabhängig von einer Übernachtung besucht werden kann. Das Dorf entstand auf dem Gelände einer stillgelegten Bundeswehrkaserne in Hohenkirchen, etwa zehn Kilometer von der Küste entfernt. Die Nordsee-Spielstadt nahm 2006, das Dorf Wangerland im Frühjahr 2008 seinen Betrieb auf. Dazu wurden das gesamte Gelände umgebaut sowie Außen- und Gartenanlagen neu gestaltet. Die ehemalige Lkw-Wartungshalle wandelte sich z.B. zur Western- und Tanzkneipe Colorado, in der bis zu 350 Gäste klönen, tanzen und bowlen können. Acht Hotelgebäude bieten 620 Betten in 231 Zimmern. Zur Angebotspalette gehören unter anderem Sporthalle und Sportplatz, Kegel- und Bowlingbahnen, Tischkicker, Billard, Boule, Schachfelder, Dart und Minigolf.

Dorf Wangerland mit Nordsee-Spielstadt · Jeversche Str. 100 · 26434 Hohenkirchen
Tel. 04463/80 97 91 00 · Öffnungszeiten Spielstadt: www.dorf-wangerland.de

MONTE
PINNOW

BETON IN SCHIEFLAGE

98

Es ist fast wie auf hoher See, obwohl man wahrlich festen Grund unter den Füßen hat – allein im Fußboden gut drei Meter Beton. Die Hand fest am Geländer, tastet man sich Stufe für Stufe in dem schiefen Bunker voran und lehnt sich dem Seegang entgegen, der nicht mehr ist als ein Sturm im Wasserglas.

Denn trotz ihrer Schräglage steht diese Treppe noch heute felsenfest. Nach dem Krieg hielt sie den Sprengladungen englischer Soldaten stand. Der sechsstöckige Luftschutzbunker neigte sich lediglich zur Seite, und so ließen die Briten ihn stehen. Die 18 Grad Neigung sind jedoch genug für ein leichtes Schwindelgefühl wie auf dem Meer. Mit 18 000 Sack Zement schüttete man das Fundament des siloförmigen Turms, 42 000 Zementsäcke verschlangen der Boden und das Mauerwerk insgesamt. Die sechs Meter starke Decke und mehr als zwei Meter dicken Wände boten rund 600 Personen Schutz: Soldaten der Flak in der ersten Etage, Bahnreisende, Bahnangestellte, Anwohner und Passanten in den vier Etagen darüber. Ein Zeitungsbericht bezeugt sogar, dass sich bis zu 1500 Leute in qualvoller Enge drängten.

Für Frischwasser sorgte ein eigener, 176 Meter tiefer Brunnen. Spezielle Be- und Entlüftung schützte die Insassen vor Gas und Luftdruck bei Angriffen. Die bunkereigene Toilettenanlage, an die auch der Bahnhof Sande angeschlossen war, vereitelte nach dem Krieg die Sprengung. Das Wasser, mit dem die Engländer den Turm fluteten, um die Sprengkraft zu erhöhen, entwich zu einem großen Teil auf diesem Wege und schwächte die Detonation ab.

Im Jahr 1983 hat der Deutsche Alpenverein, Sektion Wilhelmshaven, den Bunker gekauft und zum Klettergarten ausgebaut. Inzwischen sind 1422 Quadratmeter innen und außen zu beklettern, auf 60 Routen bis zum höchsten Schwierigkeitsgrad. Auch Nicht-Mitglieder dürfen den Aufstieg angeseilt probieren. Schnupperkletterer werden gebeten, sich beim Verein anzumelden. Die Gemeinde Sande lädt im Sommer alle zwei Wochen zu Führungen. Termine und Anmeldung bei der Gemeinde, Gruppen auf Anfrage.

Luftschutzbunker Sande · Kletteranlage »Monte Pinnow« · Bahnhofstr. 1 · 26452 Sande
Tel. DAV 04421/69 90 75 · Führungen: Tel. Gemeinde 04422/95 88 35 · www.sande.de

99 BLÜTENPRACHT UNTER ALTEN BÄUMEN

Die kargen moorigen Böden in Ostfriesland machen den meisten Pflanzen zu schaffen. Diese hingegen fühlt sich darin besonders wohl: Rhododendron. Man mag es kaum glauben, denn die imposanten Großblütler erinnern zunächst nicht an die unscheinbare Heide am Wegesrand. Doch sie zählen zu den Heidekrautgewächsen.

Auf torfigem, leicht saurem Grund gedeihen sie prächtig. Gönnen Sie sich also etwas Zeit und schnüren Sie bequeme Schuhe: Im Rhododendronpark Hobbie und im Park Gristede der Baumschule Bruns können Sie sich von Mitte April bis etwa Mitte Juni an überbordenden Blüten und pastellenen Farben sattsehen. Die ausgedehnten Parks mit mächtigen Bäumen und lichtem Schatten, den Rhododendren lieben, kultivieren und erhalten eine große Vielfalt an Sorten und Arten. Lebensraum auch für zahlreiches Kleingetier.

Kein Zufall, dass in dieser Region die Lehr- und Versuchsanstalt Gartenbau in Bad Zwischenahn die »Deutsche Genbank für Rhododendron« aufgebaut hat. Inzwischen kooperieren in diesem Netzwerk Baumschulen, öffentliche Anlagen, botanische und private Gärten bundesweit. Die Sorteninformationen mit Beschreibungen, Bildern und QR-Codes sind über die Datenbank frei verfügbar und werden im In- und Ausland genutzt.

Einen besonderen Blick verdient der Wildarten-Bereich im Rhododendronpark Hobbie. Sehr alte, skurril wachsende Rhododendren wachsen dort auf dem Pfad der Stammschönheiten. Im Yakushimanum-Garten leuchten Sorten, die Sonnenschein außergewöhnlich gut vertragen. Im Azaleengarten wachsen Raritäten, Ursprungsarten und Züchtungen.

Die insgesamt 70-Hektar-Anlage Hobbie mit Tausenden Rhododendren, mit heimischen und exotischen Laub- und Nadelbäumen auf dem weiten Wegenetz bietet auch außerhalb der Blütezeit viel Abwechslung. Ein 2,5-Kilometer langer Rundweg führt vorbei an den Wildarten, einem Schaugarten, an Naturwiesen, Feuchtbiotopen und über den Waldlehrpfad.

Rhododendronpark Hobbie · tägl. 9.30–19 Uhr · Eintritt zur Blütezeit, sonst kostenfrei
Alpenrosenstraße 7 · 26655 Westerstede/Petersfeld · Tel. 04488/22 94 · www.hobbie-rhodo.de
Rhododendronpark Gristede · www.bruns.de/rhododendronpark-gristede

DAS
GLÜCK
KOMMT
ZU
DENEN
DIE
LACHEN

GÄRTEN VOLLER IDEEN

100

Nebelwolken hängen über dem Teich, steigen ans Ufer, wo sie sich in den Sumpf-Eiben verfangen. Feine grüne Lichter lassen die Bäume funkeln wie im Märchenwald. Ein Stück weiter tanzen farbige Wasserfontänen im Park der Gärten wie zum Takt der Musik: gelb, weiß, violett. Die Nacht ist mystisch.

Je tiefer sich die Dämmerung neigt, desto mehr verschmelzen die Kunstwerke mit Beeten, Bäumen, Blumen, in die sie eingebettet sind, und mit der meditativen Musik. Manche Besucher der »Mystischen Nächte« genießen den Anblick bei einem Glas Bier, Wein oder Tee. Andere fühlen sich zur Fotojagd nach farbenprächtigen Motiven angespornt. Ein Genuss für die Sinne ist der Park der Gärten auch bei Tageslicht, wenn allein das Sonnenlicht Tausende Blumen, Gräser und andere Pflanzen in Sammlungen und mehr als 40 Mustergärten in Szene setzt. »Wir zeigen keine Architektengärten«, sagt Geschäftsführer Christian Wandscher. Sämtliche Beispiele haben Gartenbaubetriebe der Region gestaltet: Farngarten, Wildobst-Naschgarten, Fliederpfad, Kleiner Garten, Heilender Garten, Garten der Zukunft … Der Park ist auch Grünes Klassenzimmer für Kindergärten und Schulen. Hobbygärtner dürfen hier lernen und Fachleute befragen: im Gartentreff am Pavillon, donnerstags, sonn- und feiertags oder am Gartentelefon (04403/98 38 11). Es gibt Vorträge und Thementage. Auch das Fachpublikum kommt gern, der Gärtner-Nachwuchs lernt hier, und der Park bewahrt als lebender Genpool u.a. Rhododendren und allein 600 Heidesorten. Mitten im Ammerland liegt er im größten europäischen Baumschulgebiet. In Zusammenarbeit mit der Landwirtschaftskammer und hiesigen Betrieben, von denen einer sogar für Disneyland Paris und das Regierungsviertel in Berlin liefert, dazu mit bunten Veranstaltungen für jedermann, gelingt diesem Park ein einzigartiger Spagat.

Für Kinder: mit Keschern und Becherlupen gemeinsam die Wasserwelt im Teich entdecken!

Park der Gärten · Mitte April bis Anf. Okt. Einlass tägl. 9.30–18.30 Uhr · Elmendorfer Str. 40
26160 Bad Zwischenahn · Tel. 04403/81960 · www.park-der-gaerten.de
Beratungstermine der Gartenakademie: www.nds-gartenakademie.de

IMPRESSUM

Verantwortlich: Claudia Hohdorf
Redaktion: Dr. Juliane Braun
Layout: Silke Schüler
Repro: LUDWIG:media
Korrektorat: Anke Höhne
Umschlaggestaltung: Nina Andritzky
Kartografie: Kartographie Huber, Heike Block
Herstellung: Kathleen Baumann
Printed in Slovenia by Florjancic

Unser komplettes Programm finden Sie unter www.bruckmann.de

★★★★★

Sind Sie mit diesem Titel zufrieden? Dann würden wir uns über Ihre Weiterempfehlung freuen. Erzählen Sie es im Freundeskreis, berichten Sie Ihrem Buchhändler, oder bewerten Sie bei Onlinekauf. Und wenn Sie Kritik, Korrekturen, Aktualisierungen haben, freuen wir uns über Ihre Nachricht an Bruckmann Verlag, Postfach 40 02 09, D-80702 München oder per E-Mail an lektorat@verlagshaus.de.

In diesem Buch wird aus Gründen der besseren Lesbarkeit das generische Maskulinum verwendet. Weibliche und anderweitige Geschlechteridentitäten werden dabei ausdrücklich mitgemeint, soweit es für die Aussage erforderlich ist.

Bildnachweis: Alle Bilder des Umschlags und des Innenteils stammen von Sönke Dwenger, außer: Rhododendronpark Hobbie, S. 189.
Umschlagvorderseite: stock.adobe.com/AnnaReinert

Die Deutsche Nationalbibliothek verzeichnet diese Publikation in der Deutschen Nationalbibliografie; detaillierte bibliografische Daten sind im Internet über http://dnb.d-nb.de abrufbar.

ISBN 978-3-7343-2172-6